Comunique-se com seu filho adolescente

Dados Internacionais de Catalogação na Publicação (CIP)
(Câmara Brasileira do Livro, SP, Brasil)

Alaméda, Antoine
Comunique-se como seu filho adolescente / Antoine Alaméda ; tradução de Adail Sobral e Maria Stela Gonçalves. – Petrópolis, RJ : Vozes, 2008.

Título original: Parler à ses enfants : communiquer avec un adolescent.

Bibliografia

ISBN 978-85-326-3745-1

1. Comunicação em família 2. Educação de adolescentes 3. Família – Aspectos psicológicos 4. Família – Aspectos sociais 5. Pais e filhos I. Título.

08-08337 CDD-306.87

Índices para catálogo sistemático:

1. Família : Relacionamentos : Sociologia 306.87
2. Relações familiares : Sociologia 306.87

Antoine Alaméda

Comunique-se com seu filho adolescente

Tradução de Adail Sobral e Maria Stela Gonçalves

EDITORA VOZES

Petrópolis

Título original francês: *Parler à ses enfants*
3ª parte: *Communiquer avec un adolescent*

Direitos de publicação em língua portuguesa:
2007, Editora Vozes Ltda.
Rua Frei Luís, 100
25689-900 Petrópolis, RJ
Internet: http://www.vozes.com.br
Brasil

Editoração: Dora Beatriz V. Noronha
Projeto gráfico: AG.SR Desenv. Gráfico
Capa: Susana Callegari / Omar Santos

ISBN 978-85-326-3745-1 (edição brasileira)
ISBN 2-7981-1436-9 (edição francesa)

Este livro foi composto e impresso pela Editora Vozes Ltda.

A Valentine e Margot, minhas
afilhadas, e Sophie.
Com todo o meu amor.

Sumário

Introdução

Alguns pontos de referência para você compreender seu adolescente

Adolescência é o nome que damos ao período de limites fluidos entre a fase de latência e a idade adulta. Se é difícil dizer com antecedência, de modo seguro, quando ela começa realmente e mais ainda quando termina, os pais costumam perceber logo e sem erros sua presença. Algumas semanas antes, aproximadamente, todos sabem quando eles entram nas turbulências adolescentes e, alguns meses antes, quando saíram dela (a decência não me permite dizer a vocês o tempo que às vezes se passa entre esses dois limites...). Sua chegada é marcada em termos gerais pelas manifestações físicas do começo da puberdade e por algumas modificações relacionais: para os pais, torna-se de repente difícil suportar as mudanças de humor do filho, a veemência de suas afirmações freqüentemente contraditórias e, numa palavra, sua feroz vontade de independência. Indo além desses pontos de referência, sejam biológicos ou relacionais, há uma certeza: a adolescência começa cada vez mais cedo (1)*. Por outro lado, acaba cada vez mais tarde, ainda que existam variações caso seu término seja situado no momento em que puberdade e crescimento se acabam ou então quando um jovem entra na vida profissional, adquire seu primeiro imóvel ou tem o primeiro bebê.

Assim como, num plano individual, não há um adolescente, mas adolescentes, no plano do desenvolvimento, não há uma adolescência, mas adolescências, isto é, várias grandes etapas durante esse período de limites fluidos, o que pode explicar por que se observam tantas diferenças entre um adolescente de 11 anos e um adolescente de 17 anos

---

* Os números entre parênteses remetem a "notas e referências bibliográficas", ao final da obra.

quanto entre um recém-nascido e uma criança de 8 anos. Em geral, distinguem-se estas três grandes fases:

• *Uma fase de oposição que começa por volta dos 11-12 anos e vai se desenvolvendo até os 14 ou mesmo 15 anos*: para os pais, este é o período mais angustiante, talvez porque sua agitação se choque com a relativa tranqüilidade do período de latência, mas também porque, durante essa etapa, o jovem adolescente recusa sistematicamente tudo o que se peça ou proponha a ele. Como se, no caos psíquico, físico e biológico, tudo o que ainda pudesse organizar o pensamento do jovem fosse a contestação e a contradição, sobretudo diante dos pais.

• *Uma fase de afirmação de si que acontece dos 14 aos 16 anos*: é uma fase em que a revolta e as mudanças de humor continuam intensas, mas na qual a vontade de independência prevalece sobre a angústia caótica característica da fase anterior. Essa nova dinâmica oposicional não impede que o adolescente se sinta perseguido e incompreendido pelos pais, ou que adote uma atitude sistematicamente contrária a deles, mas seu comportamento parece mais coerente e estruturado.

• *Uma última fase a partir de 17-18 anos*, que corresponde à entrada no mundo do trabalho ou ao começo dos estudos superiores: as relações com os pais se normalizam e já não se baseiam necessariamente na oposição e na recusa sistemáticas, a não ser que os velhos acertos de contas dos anos anteriores não tenham sido saldados.

Com modalidades relacionais e personalidades diferentes a cada vez, cada uma dessas fases produz comportamentos singulares que são impossíveis de evocar um a um. Você pode compreender então que não posso ditar um comportamento único, construído com base no modelo "o que fazer... se..." Meu objetivo é, em contrapartida, dar a você alguns pontos de referência, uma espécie de mapa de navegação que indique os grandes obstáculos que você pode encontrar. Cabe a você contornar essas rochas e continuar seu caminho baseado nos princípios que vou lhe indicar. Ninguém pode navegar em seu lugar porque só você conhece as capacidades e os limites de sua tripulação, isto é, você, seu adolescente e a totalidade de sua família. Quanto à meteorologia, desejo a você a mais favorável. Contudo, e seja qual for a via marítima que seguir, você sem dúvida não vai evitar uma ou duas tempestades. Assim, e como o dizia basicamente Freud, o ofício de pai e mãe é verdadeiramente impossível...

Ele tem sua crise

Se a palavra crise é associada a esse período da vida como o nariz no meio do rosto, isso acontece porque, no espírito de muita gente, a adolescência é o momento mais ou menos insuportável em que as crianças se tornam cada vez mais desagradáveis. Por isso, não costuma vir ao espírito de ninguém falar de um adolescente calmo e pacífico em meio a crises, mas nunca se sabe... É muito importante que os pais compreendam que uma crise é primordialmente um momento de transição e de instabilidade. Desse ponto de vista, a crise da adolescência é um período intermediário caracterizado pelo questionamento de valores antigos, os da infância, mesmo que a prática de novas referências, as do mundo adulto, ainda esteja em vigor. As dificuldades que acompanham essa passagem costumam se manifestar, por essa razão, através de comportamentos diferentes de acordo com os jovens e os contextos, mas todos os adolescentes terão, de um modo ou de outro, de viver essa passagem, e aquele que se contorce mais pode não ser forçosamente o que sofre mais. Essa definição da crise, fundada não numa atitude comportamental, mas num momento psíquico de instabilidade, permite compreender melhor por que numerosos adolescentes, embora calmos, passam pela mesma crise e pelo mesmo sofrimento.

Você pode retrucar que, na medida em que passamos nossa vida mudando e nos transformando, essa definição de crise se aplica ao conjunto da existência humana. Sem dúvida, uma das particularidades da adolescência tem a ver com a rapidez e a importância das transformações corporais e psíquicas que se produzem então, bem como com a grande tolerância que temos com relação a esse período da vida. Se hoje um adolescente pode exprimir todas as suas perturbações, isso ocorre porque há palavras para fazê-lo, mas também porque ele vive numa sociedade que lhe permite isso. Legitimando plenamente a livre expressão de cada um, nossa sociedade autorizou a exteriorização completa das tempestades adolescentes. No entanto, lembrem-se, pais... Houve uma época em que a maioria dos adolescentes só tinha um direito: o de se calar, o que não era uma boa coisa, é evidente; mas a valorização do indivíduo e de seu pleno direito à livre expressão foi algumas vezes hipertrofiada a ponto de passar por cima de alguns deveres sociofamiliares.

Seja como for, não se deve perder de vista que um adolescente nunca é totalmente "responsável" pela própria crise e que desempenha, com freqüência, o papel de "sofredor" numa crise extensa que engloba a totalidade de sua família. Se indica o começo da independência de um indivíduo, a adolescência é também o anúncio de uma modificação, profunda e inevitável, da estrutura familiar por causa da proximidade da partida dessa-criança-que-ninguém-viu-crescer. Não há dúvida de que a adolescência tem o poder de transformar os valores familiares que tinham se mantido relativamente estáveis durante a infância, e impõe uma série de novos pontos de referência relacionais entre cada um dos membros da família sob pena de disfunções. O que significa dizer que esse questionamento nem sempre é feito de maneira serena... Mas é preciso de fato dar a César o que é de César, pois não há nenhuma razão para que os adolescentes sejam sempre os responsáveis por tudo.

O adolescente não é totalmente responsável por sua crise

A adolescência corresponde a um momento em que cada um dos dois pais, a mulher e o marido, passa por sua própria crise: a da meia idade, em que os cinqüentões fazem o balanço de sua vida profissional e também de sua vida familiar e conjugal. E esses questionamentos podem ter características sintomáticas, indo da depressão a uma atitude que lembra a... de um adolescente. Em geral, a adolescência do filho(a) mais velho(a) costuma ser o primeiro sinal da partida mais ou menos próxima de todas as crianças da família, o início dessa crise que deixa os pais diante de suas recordações e o casal num "aturdimento" mais ou menos tolerável. A tomada de consciência de que a parentalidade vai ocupar, num prazo mais ou menos curto, uma parte menos importante, diferente, na existência familiar, pode levar a uma modificação do equilíbrio casal-filhos. Talvez você não faça parte do grupo dos pais que deixaram o cônjuge de lado para se dedicar de corpo e alma aos filhos, mas, se não for esse o caso, me permito convidar você a abandonar esta noite, sua tribo e ir jantar num restaurante com seu cônjuge para falar sobre o casal: ainda resta alguma coisa ou ele foi totalmente eclipsado pelas obrigações familiares? Você está seguro de ainda ver de fato o outro, ou vocês se acostumaram a viver cada um no seu lado? Em resumo, como encarar outra vida a dois e em que bases, e como dar um sopro de vida a esse casal?

Um adolescente pode reagir de maneira curiosa à aproximação dos pais e à emancipação da mãe, sobretudo se ela esteve até então à sua disposição. Como se, embora berrando sua necessidade de independência, ele não suportasse a reunião do casal parental ou uma reorganização do sistema familiar que encoraje uma autonomia que, no entanto, ele reivindica. Essas tensões paradoxais são a origem do delicioso humor crítico que você conhece tão bem.

E não são apenas as relações com os pais que se modificam na adolescência, pois há também as relações com os avós. Estes envelhecem, ficam doentes ou morrem, impondo um novo olhar sobre si mesmo e outras relações com a família ampliada. Por isso, é fácil ver como a crise da adolescência corresponde globalmente a uma crise de conjunto do grupo familiar. Uma tal abordagem globalista da adolescência leva a não procurar mais nenhuma explicação para esse ou aquele comportamento desconcertante num só fator, a considerar em vez disso a participação de diferentes fatores (pessoais, familiares ou contextuais) e a analisar sua importância respectiva. Não tem nenhuma serventia, por exemplo, "psiquiatrizar" um adolescente se a análise do conjunto familiar mostra uma falha significativa na relação do casal ou uma profunda disfunção psicopatológica num dos pais...

O adolescente e seu corpo

As reviravoltas físicas da puberdade modificam completamente a representação psíquica que a criança fazia de seu corpo, pois provoca uma divisão entre a imagem de si, herdada da infância, e o corpo novo, que não pára de mudar. Até o começo da puberdade, seu filho cresceu, não há como negar: não se passa da noite para o dia dos centímetros que se media no nascimento ao 1,80 dos 17 anos. No entanto, se entre

5 e 10 anos são principalmente os membros inferiores e superiores que crescem, aos 10-11 anos, aproximadamente, são sobretudo o tórax e a parte superior do corpo que o fazem, com todas as modificações morfológicas decorrentes. Em outras palavras, se até 11 anos seu filho cresceu em estatura, depois dessa idade ele não apenas continua a crescer como sua fisionomia se transforma.

A começar pela pele, que se modifica com um aumento geral da pilosidade e o possível aparecimento da famosa acne juvenil. A mudança da voz intervém também por volta da metade da puberdade, de forma mais marcada nos meninos do que nas meninas. O aumento de peso e da massa muscular estão igualmente presentes e, para coroar tudo, o odor corporal com que você convive todos os dias e que indica a mudança de regime secretório das glândulas sudoríparas. Se digo tudo isso é para que você compreenda melhor as idas mais ou menos prolongadas de seu adolescente ao banheiro. Talvez assim você encare melhor as razões do *look* surrealista que tanto o irrita: há evidentemente o "não-conformismo conformista" próprio da adolescência (o objetivo é, numa palavra, se vestir de modo original como um saco de batatas, mas para fazer como fazem os companheiros), mas também um profundo desejo de esconder o corpo que já não é mais reconhecível.

Desde que existem, os especialistas em adolescência indicam as fobias inerentes a essa idade: "O que acontece com meu nariz, meu peito, minha pele, meu sexo...?" É claro que essas queixas sempre existiram, mas hoje parece que o catálogo desses medos nos é comunicado com mais veemência, quando não angústia. A mídia contribuiu amplamente para tornar dolorosa a realidade corporal do jovem adolescente comparando-a regularmente com o ideal de todos os corpos perfeitos exibidos nas séries da TV e nos anúncios publicitários. Quantos pedidos de dispensa do esporte não passaram a ser um jeito de esconder pernas tidas como grossas demais ou nádegas que causam vergonha? Quantos meninos medem o próprio pênis para compará-lo com os atuais padrões pornográficos? E quantos pedidos de cirurgia estética são motivados pelo desejo de reparar um defeito inexistente ou que mal se percebe?

Se a psicanálise disse e repetiu que o corpo doloroso pode ser sinal de sofrimentos psíquicos, não insistiu ela também muitas vezes nas conseqüências psíquicas dessas reviravoltas físicas. Na adolescência, as modificações pubertárias podem por si só angustiar a criança mais normal que existir, e os sofrimentos de alguns jovens devem ser identificados menos num Édipo mal-resolvido do que num corpo que eles já não reconhecem e que os desestabiliza. Permito-me indicar aos pais que as terapias de mediação corporal praticadas por um fisioterapeuta, e voltadas para a psicomotricidade, são particularmente indicadas nesse período da vida em que a expressão de dificuldades passa mais pelo comportamento do que pela fala.

Adolescência e sexualidade

Na adolescência, a metamorfose ligada a um corpo que cresce e se transforma provoca evidentemente mudanças com relação à sexualidade infantil. Entre os 10 e os 13 anos, a puberdade, que marca biologicamente o começo da adolescência, leva a alterações endócrinas e anatômicas que desembocam na formação de um corpo adulto capaz de se reproduzir.

• *No caso das meninas*, o primeiro sinal da puberdade aparece entre os 10 e os 12 anos pelo crescimento de sensíveis protuberâncias mamárias que em geral são assimétricas no começo: só depois de quatro anos desse aparecimento, os seios terão atingido seu crescimento pleno. Perto dos 11 anos se desenvolvem os pelos pubianos e axilares.

• *No caso dos meninos*, é entre os 11 e os 14 anos que aparece a puberdade, manifesta no aumento de volume dos testículos. Se as primeiras ejaculações ocorrem por volta dos 14 anos, o desenvolvimento dos pelos e dos órgãos genitais externos só se completa cerca de 5 anos depois.

Esclareço que todos esses números estão sujeitos a grandes variações individuais: só quando um adolescente se afasta muito das normas é que se pode pensar na presença de alguma patologia. E eu me apresso a acrescentar ainda que a puberdade não é o mesmo que a sexualidade, ainda que permita a prática desta.

Durante a fase de latência, a criança pensava na sexualidade, mas seu corpo não lhe dava os meios de vivê-la. Agora que se tornou um adolescente púbere, a criança pode praticá-la e aproximar-se cada vez mais da vida sexual que vivenciará na idade adulta. Essa diferença fundamental pode ser ilustrada pela divertida história corsa, sem dúvida inventada, que o pedopsiquiatra Marcel Rufo conta: "Imagine", escreve Rufo, "uma cidadezinha na Córsega. Estamos no verão, está bem quente e as pessoas dormem com janelas e persianas entreabertas para deixar entrar um pouco de ar. As leves cortinas se agitam ao vento... Você ouve então os primeiros acordes de uma serenata feita para você por algum desconhecido, bem debaixo de sua janela. Quando você levanta para ver, ele já sumiu... No dia seguinte, recomeça a serenata. E no outro também... Toda tarde, ao adormecer, você sonha. Imagina que aquele músico desconhecido tem imensa beleza e mil qualidades. Mas vem uma tarde em que ele se deixa surpreender e, em vez de um príncipe encantador, você descobre um gnomo horrendo, deformado, todo torto, claudicante. Fim do sonho. A latência consiste em ficar deitado na cama e se contentar com as emoções proporcionadas pelo sonho. Na adolescência, não podemos nos contentar com o sonho. O amor no sentido de partilha de sentimentos e de sexualidade assume sua plena dimensão. Amor louco, romântico, passional, conturbado. Tudo é possível, sempre no excesso e na exaltação" (2).

Como pensam os adolescentes?

Você se lembra do que dissemos sobre a evolução do pensamento intelectual durante a fase de latência? Lembra-se, em particular, da passagem entre 6 e 7 anos ao "estágio das operações concretas", que tem esse nome porque a psique se organiza aos poucos recorrendo a objetos bem reais ou, de todo modo, facilmente imagináveis? É preciso esperar mais ou menos os 12 anos para que a criança se torne de fato capaz de afastar-se desse mundo concreto, característico do período de latência, para entrar no universo da abstração e das idéias. E assim como a criança pequena se alegrava com a descoberta de recursos insondáveis em seu corpo, o adolescente vibra com as novas possibilidades abertas pelo acesso a esse novo mundo. Começam nesse momento as grandes construções intelectuais, mais ou menos compatíveis com a realidade de todos os dias e que variam segundo as épocas e as culturas. Essa atração pelo abstrato e o manifesto afastamento da "concretude" cotidiana fazem os pais do adolescente dizerem que ele vive "fora da realidade", perdido em seus sonhos e ideais. Esse pensamento abstrato o leva de fato a se interessar por coisas não-materiais e o libera do real, permitindo-lhe elaborar teorias que transformam o mundo no pensamento. Assim, não fique espantado com os grandes vôos filosóficos de seu adolescente e não se esqueça de quando for a vez de ele tirar a mesa, mas não perca de vista o fato de que é preciso dar tempo ao seu filho para que ele enfrente uma realidade cotidiana que o vai tornar um jovem com os pés no chão. E desejemos, tanto quanto o pudermos, que depois dessa aterrissagem ele conserve uma parte de seus sonhos e ideais de adolescente.

Por agora, é esse pensamento formal que, abrindo as portas à abstração e à onipotência das idéias, se acha sem dúvida na origem da arrogância que se apossa de seu adolescente. Esse modo de ser é característico de adolescentes entre 11 e 14 anos: trata-se de um mal necessário num período de instabilidade e que testemunha a grande confusão interior de sua psique. A veemência das propostas de um individuo é, sem dúvida, uma das medidas de suas dúvidas e de suas incertezas, e o mundo da adolescência não escapa a essa regra.

Ele se acha o centro do mundo!

"Não que ela seja megalômana, pois não se considera a mais bonita, nem a mais inteligente ou mais forte. Talvez até ao contrário! Mas quem a escuta diria que o mundo passa o tempo olhando para suas qualidades e, especialmente, para seus defeitos. E vocês naturalmente acham que o mundo tem outras coisas a fazer em vez de se interessar por minha filha..." Não é preciso dizer que o monólogo dessa mamãe poderia se aplicar a um filho, porque, quando se é adolescente, não há distinção de gênero em matéria de se considerar o centro das atenções. Esse sentimento, ao contrário do que ocorre com a criança de menos de 8 anos, não vem do egocentrismo intelectual, mas de um mecanismo de defesa intrapsíquico que permite enfrentar uma identidade ainda vacilante. Se a atitude de seu adolescente o faz pensar que ele se acha o centro do mundo e que este só tem olhos para ele, é que, em seu íntimo, ele se julga na verdade bem longe disso, além de desajeitado, estúpido e "nulo", como diz a expressão consagrada.

Num adolescente, a confiança ainda precária em sua imagem é artificialmente contrabalançada pela idéia de ter o mundo inteiro com os olhos postados sobre si. Como você já deve ter compreendido, o que importa é que ele se sente olhado. Não interessa que natureza tem esse olhar, seja de admiração ou de rejeição, desde que sirva para autenticar uma existência: a dele.

"Não tenho culpa nenhuma se todo mundo fica me olhando", diz a mim um adolescente de 16 anos usando roupas góticas pretas. "Não tenho culpa se assusto os outros..." Se seu adolescente optou por isso e fica repetindo o dia inteiro que é o mais bonito, não há dúvida de que ele se julga hiperdesajeitado e hipernulo. Nesse caso, o melhor a fazer é dizer que, embora não o considere o mais bonito, ele faz boa figura, mesmo tendo, como todo mundo, seus defeitos. Mais que uma aceitação ou rejeição sistemáticas, seu adolescente precisa de um olhar crítico no qual confie e através do qual possa aos poucos construir sua identidade, mesmo que seja se opondo a esse olhar.

Ele não nos ama mais da mesma forma

Mais do que a perda dos vínculos constitutivos de sua infância, o adolescente passa por uma ambivalência afetiva, mais ou menos dolorosa, tanto para ele como para sua família. Seu comportamento pode ser resumido da seguinte maneira: "Preciso me separar de meus pais para viver minha independência; assim, preciso estar em contato com meus pais para... poder rejeitá-los. Lógico: como rejeitar alguém se ficarmos longe desse alguém?" Muito lógico...

Essa flagrante ambivalência não pretende assim, num adolescente, fazer desaparecer suas referências da infância, mas a levar essas referências a coincidir com seu novo imperativo de independência. Uma descrição tradicional desse comportamento é a fórmula "querer comer o bolo e ficar com o bolo". Desse modo, para um menino, não está em questão esquecer-se da mãe para apaixonar-se por outra mulher, mas investir afetivamente em outra mulher e conservar o amor que tem pela mãe. Essa mudança, mais ou menos dolorosa, cuja saída passa pela modificação dos afetos herdados do passado, é sinal de boa saúde psíquica de um adolescente, pois indica que ele está no caminho do amadurecimento, mas ela também é, graças ao trabalho intrapsíquico de transformação que implica, responsável em parte pela alternância amor/rejeição que deixa espantados os pais, quando não testa os limites de sua paciência.

Não sabemos mais como falar com ele

Se a vida não é fácil para o adolescente, para os pais dele também não, pois eles têm de ficar *zen* diante de todo tipo de sobressalto afetivo. A comunicação fica difícil, e até conflituosa, porque seu filho fica pouco tempo depois com a desagradável tendência de tirar de contexto as relações entre vocês: num dia fica atencioso e cheio de atenções e, no outro, nas mesmas circunstâncias, numa atitude de rejeição e até de oposição ou agressividade. Sejam quais forem as dificuldades que você enfrentar, não ceda à tentação de romper as relações diplomáticas, nem de renunciar à espontaneidade fazendo esforços insuportáveis para aceitar tudo e qualquer coisa. Se num dia, num ataque de nervos, você disser: "Se não gosta desta casa, vá viver em outra!", no dia seguinte se explique! Fale que o que você disse não revela o amor que tem por ele, mas não deixe de dizer que, no contexto de nervosismo em que estava, queria dizer o que disse, além de que vai acabar dizendo outra vez nas mesmas circunstâncias. E pode acrescentar que, assim como nunca duvida do amor dele por você, mesmo quando ele rejeita você agressivamente, ele deve compreender que você não está exclusivamente a serviço do Cavalheiro ou da Madame e que você também tem direito a ter uma explosão de mau humor. Se ele for mais para o científico do que para o literário, diga ainda que a sede do amor não são as supra-renais nem a adrenalina, mas um lugar que está bem protegido das "muvucas" cotidianas; quem sabe isso não o fará sorrir?

Quando ele finalmente vai ficar adulto?

Alguns dizem que a adolescência acaba no momento em que o ser humano é capaz de ter autonomia. Essa definição não leva em conta os muitos jovens adultos que, do ponto de vista afetivo, estão perfeitamente afastados de papai-mamãe, mas permanecem dependentes deles financeiramente e vivem em sua casa por causa de um contexto socioeconômico desfavorável. Em contrapartida, outros jovens, que mostram perfeita independência financeira, com casa, carro e lavadora próprios, continuam a agir como crianças com relação aos pais. O critério de autonomia, para ser pertinente, deve portanto ser analisado à luz do dinamismo psicológico que está em jogo. Pelo que sei, há três grandes vias de acesso possíveis à vida adulta que implicam uma verdadeira autonomia.

• *A primeira porta de entrada na comunidade de adultos* é a da renúncia, porque renunciar supõe saber escolher e, assim, ser capaz de suportar a frustração de não ter tudo na vida. De modo geral, a criança deseja tudo o que lhe dá prazer, e são os pais que impõem limites, ao permitir umas coisas e proibir outras. Ser adulto seria assim ter interiorizado as proibições e não precisar dos pais para estabelecer os limites indispensáveis. Em resumo, o adolescente que entra na comunidade dos adultos é, de certo modo, alguém que fez o trabalho de luto da exclusividade do princípio de prazer próprio da infância e integrou a idéia de que, se o prazer e a felicidade fazem parte do objetivo de toda vida, toda vida passa também pelo princípio de realidade e de renúncia.

• *A segunda porta de entrada no mundo dos adultos* é a da "historização", ou seja, a possibilidade de unir nos atos cotidianos o passado, o presente e o futuro. O adolescente vive em geral na ação e no imediato, o que de resto incomoda bastante seus pais. De fato, a espontaneidade desse bebezão que vive o momento presente sem dar a mínima às contingências do passado e mais ainda às questões do futuro, abala os adultos, que já não vivem nesse espaço-tempo. A não ser que permaneça neles um bom resquício de adolescência, os pais na maioria das vezes vivem, como bons adultos, num tempo de lembranças e de projetos. Os pais vivem, assim, num mundo radicalmente distinto daquele de seu filho de 15 anos, que, obsedado pelo aqui-e-agora, não reflete sobre as lições do passado nem avalia as repercussões de seus atos. Nesses termos, agir como adulto é escolher e tomar decisões, e fazer isso em função das experiências passadas e das possíveis conseqüências futuras. Quando seu adolescente que, considerando os anos que faltam para completar o curso que faz, das revisões que ainda tem de fazer e do que aconteceria se não se formasse, desiste de passear nos próximos fins de semana, então você poderá dizer que o final do túnel está próximo.

• *A última porta de entrada, a terceira*, que dá acesso à comunidade de adultos, precisa de mais tempo para se passar: é a que vai tornar vocês avós. Claro que o simples fato de procriar não oferece obrigatoriamente um ingresso no mundo adulto. Teoricamente, ter um filho de maneira adulta é ter refletido sobre as conseqüências dos próprios atos e também ser capaz de amar essa criança tal como ela é não por deficiências pessoais que se quer suprir por meio de um filho ou filha. Pode-se ter uma família e um filho para fugir do passado; pode-se ainda tomar as mesmas decisões por ter paixão por uma pessoa que não representa esse passado e com quem se quer fundar *nossa própria* família. Claro que só a teoria pode ser tão simples, pois nenhum ser humano pode se apartar totalmente de suas origens familiares, que são na verdade o próprio fundamento de nossa identidade. Um pai adulto, mesmo que tome o maior cuidado, vai educar o filho projetando fragmentos de seu passado, ao recorrer a referências inconscientes de sua família original. Por outro lado, a criança vai agradecer por isso, visto que não pode estruturar sua identidade sem as projeções dos pais, pelo menos se elas não forem sufocantes. Assim, podemos dizer que o adolescente se torna adulto quando pode ser um genitor adulto, isto é, um genitor que tomou consciência dessa dinâmica e sabe administrar as incessantes oscilações entre o filho tal como é, e o filho tal como gostaria que fosse.

Mas sejamos realistas: o adolescente que tiver passado definitivamente por essas três portas e que estiver firmemente assentado no mundo adulto não será um ser humano. Ninguém desta terra pode viver de modo exclusivo e permanente segundo os princípios da renúncia, da historização e da abnegação. Retomando o exemplo das três portas, é melhor dizer, por uma questão de honestidade, que o adulto é aquele que mantém a possibilidade, segundo os contextos e circunstâncias, de transpor essas portas nos dois sentidos, ao contrário do adolescente, que funciona num sistema de mão única. É adulto quem pode conservar os ideais da adolescência ao mesmo tempo em que tenta adaptar esses ideais à realidade ambiente. Talvez seja ainda aquele que, de vez em quando, se liberta do peso do passado e dos imperativos do futuro para viver no tempo presente com a espontaneidade de sua infância. Por fim, adulto é quem tem consciência de que, no futuro de seu filho, há uma parte desse filho que o genitor não pode forçosamente dominar; dar-se conta disso já seria alguma coisa.

Em outras palavras, o melhor que podemos fazer na condição de pais é renunciar (ah sim, nisso também!) a acreditar que podemos ser adultos totalmente conscientes com relação a nós mesmos, com uma coerência tão completa quanto indiscutível e perfeitamente capazes de controlar tudo pelo simples exercício da vontade. A abertura à riqueza das relações humanas, educativas e outras tem como preço o reconhecimento de nossas imperfeições, e é bom que seja assim.

Para saber mais sobre o tema

1) *A maioria dos adolescentes tem uma visão muito positiva de sua própria família*. Para eles, a família é um lugar agradável de acolhida e diálogo e, nessa condição, um modelo a ser reproduzido (4). Isso não quer dizer que todos os adolescentes que gostam da família e são felizes por estar nela tenham uma adolescência tranqüila. Cerca de dois terços dos adolescentes passam em algum momento por períodos de turbulência mais ou menos fortes, com grandes desacordos e problemas de comunicação.

2) *A grande maioria dos adolescentes (90%) não tem maiores problemas*; só 10% precisam de atendimento médico-psicológico. São os que apresentam repetidos problemas de comportamento: grande consumo de álcool e fumo, uso de drogas, violências contra os outros, contra si mesmos, problemas de humor, problemas de sono, idéias suicidas ou depressivas, muito nervosismo, distúrbios psicossomáticos. Na maioria dos casos, esses adolescentes estão insatisfeitos consigo mesmos, fogem da vida familiar, que julgam pesada, e investem demais na vida relacional extra-familiar, refugiando-se em grupos de jovens que passam pelas mesmas dificuldades.

3) *Nem todas as crises da adolescência se exprimem da mesma maneira*: há um grande espectro de comportamentos possíveis, que vão do "sem noção" a uma condição que imita uma patologia psiquiátrica, mas cuja experiência por vezes muito complicada não reflete necessariamente a gravidade.

4) *A maioria das dúvidas dos pais gira em torno da normalidade psíquica do adolescente* (É normal ele me responder mal? É normal ele não falar comigo?). O primeiro fator de risco e de fragilização a considerar quando se é pai é o acúmulo de comportamentos problemáticos, sua continuidade no tempo e sua permanência em todo e qualquer contexto. Se você tem a impressão de ser parte dos 10% de pais de adolescentes com problemas, não deixe de consultar o médico.

1
Ambiente familiar

"Você viu em que condição está seu quarto?" "Foi você que pegou minha blusa?" "Você não pode deixar seus patins no caminho; quase me arrebento hoje de manhã!" "O que está acontecendo com esse telefone?... Faz meia hora que tento ligar para casa!" O adolescente não é uma onda tranqüila, mas sim um mar revolto! Os princípios educativos que até o momento serviam bem parecem se fazer em pedaços. Seria possível dizer que a sua casa tornou-se por inteiro a casa dele e que nada pode resistir a esse colonialismo agressivo que a Liga dos Direitos Humanos condenaria sem hesitar. Essa incrível energia que parece vir de uma fome canibal que deseja tirar de você seu espaço vital vem em grande parte da vontade que tem seu filho de rejeitar um modo de vida que justamente o lembra demais de sua infância. Adicionando-se a isso a dose de egocentrismo que o afeta nessas circunstâncias, temos uma explicação suficiente da atitude de conquistador de seu adolescente. Ao lado da rejeição dos valores familiares, seu adolescente também acelerou o processo de mudança de seus centros de interesse. Estes se localizam cada vez mais longe de sua casa, e atendem pelos nomes de "cara", "meu", "truta", "véio", "mano"...

Deixar o quarto arrumado e agüentar inspeções periódicas da mamãe, contar toda tarde o que fez na escola, manter as roupas escolhidas e compradas no lugar – seu adolescente não quer mais fazer nada disso! Você é que tem de adaptar-se, sabendo que a transição raramente acontece na base do tudo ou nada e que, nessa atmosfera de rejeição, a maioria dos adolescentes conserva um pequeno lado regressivo que não desagrada tanto aos pais. Assim, você vai vê-lo num dia brincando com crianças menores ou completamente em pânico diante da idéia de fazer alguma coisa bem simples que ele geralmente tira de letra. E nem estou falando das muitas bobagens que vão fazê-lo procurar regularmente o colo da mamãe para um carinho ou pequenos cuidados...

Seja como for, e mesmo que você compreenda perfeitamente bem o turbilhão adolescente, ainda assim você não vai querer ver impostas a você regras de comportamento dentro do que você considerada legitimamente sua própria casa. Desse modo, como fazer para estabelecer um acordo que concilie os sofrimentos do desenvolvimento infanto-juvenil e sua própria sobrevivência parental?

Ele ficou paranóico?

A comunicação com seu filho ficou difícil, para dizer o mínimo. Com a sensibilidade à flor da pele, ele interpreta tudo o que você diz ou que você não diz. A mínima pausa mal colocada ou uma pequena alteração da entonação bastam para ele se alterar. Mas não tenha medo: a maioria dos pais sobrevive a essa prova e no momento você tem de esperar que ela passe. De todo modo, faça você o que fizer, ela não vai passar por causa disso, e seu adolescente vai continuar hipersensível e crítico. Num contexto desses, não compensa trapacear com ele; é melhor dizer uma verdade dolorosa do que uma meia verdade que ele vai interpretar como quiser, além de que em todos os casos ele vai reprovar você. Em outras palavras, como não adianta tomar precauções antes de falar com ele, é melhor manter a naturalidade: isso não vai mudar nada a atmosfera familiar nem a hipersensibilidade emocional dele, mas vai evitar que você pegue uma úlcera por causa do estresse.

Se comparou sua experiência de comunicação com as de outros pais igualmente perplexos, você sem dúvida chegou à conclusão de que, com respeito à comunicação, há dois grandes tipos de adolescentes: os que procuram um diálogo conturbado, principalmente com os pais, e os que aderem de maneira incondicional à lei do silêncio. Comecemos pelos primeiros.

Como você sabe, a linguagem veicula informações em dois níveis: no da mensagem e no da relação entre os usuários. A mensagem é, estritamente falando, aquilo que se diz; a relação, o estado de espírito com que se diz, ou os subentendidos relacionais da mensagem. Logo, perguntar à mãe como ela está se sentindo, depois de uma briga, vem mais do desejo de restabelecer a relação do que da necessidade urgente de receber um boletim médico da mãe. Nesse plano, os adolescentes brigões estão sempre contra o que os pais propõem, mesmo que, no íntimo, na maioria das vezes, concordem. Quando agem assim, eles afirmam sua personalidade por meio de uma oposição sistemática ao conteúdo declarado da conversa, mas permanecem ligados aos pais através de uma coisa não dita que parece ser: "Nossa relação é essencial, e pouco importam nossas brigas, porque elas permitem atender a uma dupla necessidade, vital para mim: ficar com você, mesmo que discordando, e me afirmar diante de você graças a esse desacordo". Agora você com certeza compreende melhor porque o filho mais velho vive disputando com o pai. Além disso, essas divergências deixam o adolescente brigão tranqüilo, pois submetem à prova, por meio das diferenças de opinião, as capacidades de amor e de apego dos pais. Um pouco como se ele pudesse verificar assim que a emergência tempestuosa de sua identidade e de suas convicções não coloca em perigo suas ligações com os genitores. "Até que ponto posso me opor a minha mãe e ter minha própria identidade?" – diz em síntese o adolescente que se recusa a colocar um casaco, insistindo teimosamente que não está frio lá fora, mesmo que os ursos polares estejam de gorro nessa manhã.

Vejamos agora os outros adolescentes, aqueles que, da noite para o dia, param de emitir qualquer coisa que não sejam uns sons que lembram mais os orangotangos do que a linguagem do homem civilizado. Claro que é preciso situar esse "mutismo" em seu contexto e, naturalmente, ter certeza de que não é o resultado de algum sofrimento psicológico. A maioria dos pais sabe intuitivamente a diferença entre a modalidade de relação silenciosa do adolescente e a patologia evidente. Se vissem o filho se fechar de repente em si mesmo e ficar desse jeito em todas as circunstâncias e se vissem que ele está sem nenhuma vida social, os pais ficariam, com razão, preocupados e iriam, sem dúvida, consultar um médico (o que é a única coisa a fazer), mas na maioria das vezes, como percebem intuitivamente os pais, o adolescente que não fala é simplesmente o que não fala mais com os pais, e só com eles; quem duvida só precisa ver a conta do celular...

Ele não fala mais com a gente

Era uma vez um pai que costumava levar o filho à escola e ir buscá-lo depois da aula. Na hora de entrar na escola, eles diziam bom-dia um ao outro e na saída contavam um ao outro, com prazer, o que tinham feito. O tempo passa e um dia o filho, com uns 12-13 anos, responde à pergunta habitual do pai, "O que você fez hoje?", contrariando seu próprio hábito, com um resmungo pré-histórico que, a partir de então, é quase só o que ele "diz". Toda tarde o pai, obstinado, pergunta "O que você fez hoje?". E toda tarde o filho responde com o tal resmungo, ou então, num dia particularmente bom, com banalidades que só causam aflição. Anos mais tarde, enquanto espera o embarque para o primeiro dia na faculdade, o filho vai dizer: "Você é que me incomodava, papai, todos aqueles anos, fazendo todo dia a mesma pergunta... Mas ao mesmo tempo era muito bom sentir que você estava sempre ao meu lado!"

Contei essa historia para dizer que todo adolescente tem necessidade vital de segredo e alguns uma necessidade muito grande disso. São os mesmos filhos que, quando pequenos, contavam a vida aos pais que, agora, se recusam a dizer qualquer coisa sobre si mesmos. Não que sofram psiquicamente ou não confiem nos pais; eles simplesmente se preocupam com a intimidade. Um pouco mais tarde, quando tiverem mais certeza com relação a si mesmos, ou seja, quando o sentimento de sua identidade não depender mais apenas de falar ou não falar, eles poderão voltar a fazê-lo. Seja na hora do embarque ou em outra ocasião. Enquanto isso, tudo o que você pode fazer é manter o diálogo, com sutileza e sem intrusão. Um dia você verá que, como o adolescente de minha história, ele voltará a falar com você e vai agradecer por você ter continuado presente.

Maurício, você vai ou não vai pôr essa mesa?

É completamente normal que o adolescente participe das tarefas cotidianas da família. Essa colaboração mais ou menos forçada e que provoca mil protestos tem o mérito paradoxal de tranqüilizá-lo ao manter o vínculo de membro da família que ele se dedica a recusar do jeito que pode. Mas é inútil insistir: acho que você vai acabar se acostumando com a ambivalência própria da adolescência e aos comportamentos contraditórios que significam ao mesmo tempo: "Diga-me que eu sempre vou pertencer à minha família, porque isso me deixa tranqüilo, mas me deixe ir embora, porque tenho que construir a minha vida".

Por ora não há o que discutir: ele tem de pôr a mesa e ponto final, porque ser parte de uma família é obter alguns benefícios, mas também cumprir certas obrigações. Quanto a você, as obrigações que vier a impor na condição de pai têm de seguir três grandes princípios.

• *É preciso que todos os membros da família assumam parte das obrigações cotidianas.* Não há nenhum motivo para que só os pais, os irmãos menores ou os mais submissos da família se encarreguem das coisas a fazer em casa. A não ser que você pretenda transformar sua casa num hotel três estrelas para jovens revoltados, seu adolescente tem de cuidar do jardim, pintar a cerca, tirar a louça da mesa ou arrumar suas coisas. Em caso de contestação, é melhor estabelecer claramente a lista de tarefas a realizar, com uma divisão justa entre os diferentes membros da família (pense também numa lista de multas a cobrar para proibir claramente relações escravagistas de trabalho: o filho mais velho não pode oferecer generosamente 1 real por mês ao mais novo para que ele corte a grama em seu lugar).

• *Se a mínima obrigação der a impressão de trabalho forçado*, e se você for um desses pais ou mães contestados pelos que o cercam como pessoas que exigem demais dos filhos, não vá desabar por causa dessa crítica, a não ser que venha de pessoas com as quais você compartilha os mesmos valores educativos. E se for esse o caso, e você de fato sobrecarrega seu adolescente com tarefas domésticas, isso pode indicar que, de maneira inconsciente, você deseja mantê-lo em casa. O que também é uma maneira indireta de dizer que para você toda idéia de separação é intolerável. Se acha seu inconsciente capaz dessas coisas ruins, não deixe, sempre que necessário, de colocar o nível de suas exigências no ponto médio entre nenhuma obrigação (0) e escravidão (100). E, se precisar, fale com seu cônjuge ou, como último recurso, com um profissional de saúde mental.

• *Quanto ao delicado problema da remuneração*, tenho a opinião de que as tarefas cotidianas e domésticas não devem estar sujeitas a compensações. A não ser que seu cônjuge ou seus filhos lhe paguem para cuidar da casa ou cortar a grama... Nesse caso, o adolescente não vai mesmo entender porque não entra na folha de pagamento da família. Se de fato criou seu pequeno Fernando dessa maneira, crie um conselho de arbitragem e não se esqueça de aproveitar para marcar as eleições sindicais de sua casa...

O quarto de Flávio é uma bagunça total...!

Na fase de latência, seu filho não se importava muito que os outros membros da família entrassem no quarto dele, mesmo em sua ausência. Até que um dia, quando ele tem 12-13 anos, e até antes disso, ele passa a não suportar isso e exige que aquele seja um espaço só dele, uma espécie de embaixada de algum país estrangeiro. Desse modo, agora, a não ser que queira provocar uma grande briga, você não pode – e, mais do que isso, não deve – entrar no quarto dele sem uma autorização expressa das autoridades competentes, ou seja, seu filho ou sua filha. E se insistir, o que de forma alguma é uma boa idéia, sob algum pretexto, você corre o risco de ver a porta ser trancada a chave. Insisto que nesse caso não se trata das briguinhas corriqueiras de sempre que servem somente para provocar o mundo e se afirmar contra ele. A entrada no quarto sem autorização vai ser entendida por seu adolescente como uma verdadeira violação e, peso as palavras antes de escrever, isso pode eventualmente ter como conseqüência um sério abalo do sistema relacional da família.

Ainda assim, me dirá você, é preciso fazer a faxina. Quanto a isso, claro, você não deve ceder. Além disso, seria visceralmente impossível suportar em sua casa um parque natural de baratas. Mas como você de modo algum vai poder entrar no quarto sem autorização, o melhor é combinar com Flávio para estar lá no momento que você determinar, a fim de garantir o bom andamento das operações (já que está com a mão na massa, peça a ele nessa ocasião que passe o aspirador).

Excepcionalmente, alguns adolescentes (principalmente meninas) se oferecem para limpar eles mesmos o quarto, a fim de evitar de vez toda intrusão parental (principalmente maternal). Acho bom aceitar esse acordo. Você mais tarde decide, a depender da confiança que tiver nas promessas de seu filho, se precisa de vez em quando fazer umas expedições de vigilância para verificar a qualidade da limpeza, mas sempre na presença das autoridades oficiais. Não se esqueça de que está em território estrangeiro e que não se entra numa embaixada da maneira como se entra numa loja.

Quanto à ordem e à limpeza, não exija demais de seu adolescente. Se as paredes estão atapetadas com cartazes de divindades da moda, isso se deve um pouco à provocação, mas também e principalmente porque esses ídolos são os modelos com os quais ele quer se parecer. O quarto é o continente de uma identidade que vai sendo aos poucos produzida, e a desordem que nele reina não é mais do que o reflexo do que está acontecendo nesse momento no interior de seu filho. Você vai ver que aos poucos ele mesmo vai arrumar o quarto e a cabeça. Por agora, as quatro paredes de seu quarto o abrigam e lhe dão segurança. Deixe-o viver ali como ele quiser, exceto no que toca à limpeza, mas sempre nas condições já descritas.

Ela estourou (outra vez) sua conta de telefone

Na França, em 2002, 63% dos jovens de 13 a 19 anos tinham celular, quando em 2000 não passavam de 19% (5), o que mostra grande aceleração do fenômeno. No Brasil também aumenta a cada dia o número de jovens que usa a telefonia móvel. Uns poucos anos atrás, só havia o telefone fixo da família, objeto de grande valor metafórico para os adolescentes, pois permitia ter uma ligação com o exterior ficando em casa. Depois surgiu o aparelho sem fio de telefonia fixa, que permita certa privacidade, pois dava a liberdade de ligar no espaço privativo do quarto. Veio por fim o famoso telefone celular, que abriu o reino da total privacidade. Mas pelo que me contam os pais, o telefone da família sempre é usado, mesmo por jovens que têm celular. Pode-se pensar que ele conserva sempre seu valor metafórico de ligação, e também representa, de modo um pouco mais trivial, uma fonte de considerável economia, principalmente se seu adolescente tem de pagar pelo que ultrapassa sua conta. Quanto a este último ponto, cabe a você decidir se ele usa a mesada para cobrir a conta ou se você paga tudo, situação na qual terá talvez a chance de manter o monopólio do telefone da família, mas a que preço...

Considerando o valor da conta, o tempo passado com os amigos, a sopa que esfria, o trabalho da escola que deixa de ser feito, temos de reconhecer que o telefone tem muitos motivos para incomodar os pais, ainda mais porque fundamentalmente representa o instrumento de traição graças ao qual os filhos fazem alianças com o exterior. Para contrabalançar esses múltiplos incômodos, nem sempre justificados, só vejo uma solução: entender as motivações psicológicas que levam o adolescente a telefonar. Talvez assim você descubra algumas circunstâncias atenuantes e comece a se irritar menos.

Assim sendo, para o adolescente, a comunicação telefônica pode cumprir ao menos três funções:

1) A mais evidente é colocá-lo em contato com o exterior, principalmente com os companheiros, que, nessa idade, adquirem uma importância cada vez maior com relação à família. Os contatos telefônicos permitem também ao adolescente cobrir seus silêncios e passar um tempo que, vivido na solidão, poderia ser fonte de angústia.

2) Por definição, numa conversa telefônica, só conta a voz, ao passo que o corpo está protegido do olhar. Essa dinâmica comunicacional oferece a vantagem de contornar uma das dificuldades próprias à adolescência: a rejeição ou angústia do corpo que se transforma e com relação ao qual o jovem teme o julgamento dos outros.

3) Ao abolir o tempo e o espaço, o telefone permite ao adolescente não adiar seus desejos, ter tudo e na hora que quer. Para se convencer disso, basta ouvi-lo reclamar quando não consegue encontrar um amigo que provavelmente está pendurado no telefone há vários minutos ou horas.

Dito isso, o melhor para evitar todo conflito telefônico em sua família é, sem dúvida, estabelecer regras de uso do telefone de casa e do celular. É preciso em especial, se necessário por escrito, indicar claramente o tempo de uso e os horários de abertura da central telefônica da família, estabelecer direitinho a questão da participação na conta do celular e não deixar de esclarecer que a abertura e fechamento dos canais de comunicação informáticos dependem dos resultados escolares. Você há de reconhecer que seria muito bom se essas grandes discussões filosóficas que custam tão caro a você tivessem como outra conseqüência várias notas 8 nas matérias da escola!

Não, Alex, não vou comprar uma mobilete!

"Olha, se eu tivesse uma mobilete, você não precisaria se deslocar para me levar à casa de Marcos e seria mais fácil eu estudar matemática com ele". Você entendeu: a vontade imperiosa de ter uma mobilete faz Alex prometer qualquer coisa, uma vez que Marcos, o pobre, também não está motorizado... A importância de possuir um veículo motorizado vai bem além de simples considerações práticas. Para começar, por trás do guidão, o jovem tem uma sensação de liberdade e de responsabilidade que os pais ainda não lhe dão em casa. Além disso, há o lado conformista dos adolescentes, que os deixa preocupados com o que os outros vão pensar se só eles não têm a mobilete...

Vale tudo que o adolescente possa apresentar como motivo para isso, particularmente a reivindicação de autonomia, mas o medo que os pais têm de realizar esse desejo também é aceitável, porque se justifica; os acidentes com veículos motorizados são uma importante causa de danos físicos graves e de morte na adolescência (4). Na condição de pai, você evidentemente tem de vencer essa angústia se quiser que seu adolescente alcance a independência, mas não a qualquer preço.

Ele tem mesmo necessidade do veículo, e você pode confiar nele? É avaliando suas respostas a essas duas perguntas que você poderá tomar a decisão, e só você, com todas as informações à disposição. Cada família deve chegar ao melhor acordo possível no tocante a isso, tendo bastante claros os seguintes pontos: as reais vantagens da posse do veículo motorizado e a confiança que a personalidade do adolescente inspira. Quem, por exemplo, mora numa casa isolada tem de entender que, na ausência do veículo motorizado, tem de proporcionar ao filho as condições de ter uma vida social normal, ou pode criar uma atmosfera familiar insuportável; se duvida, tente convencer um adolescente de que fora a família, a casa e o jardim, nada no mundo é interessante. Quanto à sua angústia, saiba que todos os pais a vivenciam e que é a confiança que podem ter no adolescente que permite superá-la o bastante para um sábado à tarde ir comprar a famosa máquina. E, de modo geral, as meninas consideram a mobilete um simples meio de transporte, ao passo que os meninos fazem dela um fator de prestígio que às vezes os leva a correr riscos desnecessários. Seja como for, só vocês, que são os pais, podem dizer se seu rapaz pertence à categoria dos homens que põem sua virilidade em rachas ou se sua filha é tão avoada que um dia pode esquecer que está conduzindo um veículo motorizado.

Para saber mais sobre o tema

Quando uma relação complementar fica patológica

Ao nascer, ele contava com seu olhar interrogador e seu sorriso que lhe respondiam: "Fique tranqüilo, querido, estou aqui". E ele replicava a isso: "Sem problemas, mamãe, estou à sua disposição". Se fosse cínico, às vezes acrescentava "Aliás, não posso fazer outra coisa mesmo..." De modo geral, um bebê não se interessa por dar uma de mau assumindo uma posição simétrica a dos pais (ao contrário do adolescente, que não pára de repetir, de uma forma ou de outra: "Veja bem para onde olha; já sou grande o bastante para me cuidar sozinho!"). A relação que se estabelece nos primeiros meses de vida é, por conseguinte, do tipo complementar, implicando parceiros em condições desiguais: "Sou sua mãe (ou seu pai) e cuido de você, e você é um bebê que se deixa cuidar". Mais tarde, quando o bebê cresce e se torna uma criança, o "se deixa cuidar" vira "e você me obedece ou então...", mas a relação continua globalmente complementar.

Passam-se os anos e, quando vem a adolescência, embora em larga medida isso já venha acontecendo no período de latência, as relações entre pais e filhos não podem permanecer complementares sob pena de ficarem patológicas em um ou em outro sentido. Uma rigidez excessiva que implique uma permanente superioridade dos pais e uma permanente inferioridade do filho teria de fato como conseqüência uma grande infantilização da adolescência. Sufocante e mal suportada, essa infantilização está em risco de, um dia, desembocar num ato brutal com respeito ao qual só se pode desejar, se acontecer, que ocorra da maneira mais direta possível, isto é, mandando os pais "pastarem". Correndo o risco de chocar vocês, insisto, na verdade, em crer que essa maneira radical de mandar ao inferno é a maneira mais sadia de dizer "não" à infantilização. Infelizmente, em grande número de casos, o adolescente infantilizado não se permite essa "justiça com as próprias mãos", e a única solução que encontra para sair da relação complementar e inquisidora que o liga aos pais é desenvolver comportamentos secretos. Um pouco como se ele quisesse dar a si mesmo uma segunda vida só dele, longe da supervisão e da vigilância parentais. As conseqüências dessa bela escapada dependem em parte da natureza perigosa ou não desses comportamentos. Está claro que a aquisição de uma identidade própria cortando os cabelos à moda moicana não é a mesma coisa que não fazer coisa alguma na escola o dia inteiro.

O outro modelo de relação complementar patológica é o espelho da anterior. Ela traz à cena um adolescente sempre em posição superior aos pais. Na maioria das vezes, começa assim: "Era uma vez um jovem que conheceu uma jovem. Eles se apaixonam, se casam e têm um filho. Esse jovem papai e essa jovem mamãe ficam radiantes com o nascimento do filho, uma vez que juraram que seu pequenino nunca viveria o passado de maus tratos que eles tinham vivido em suas famílias..." Vocês podem imaginar a seqüência? Os pais não lhe recusam nada por medo de frustrar e fazer mal a "esse pequeno ser que afinal não pediu para nascer"; a criança se esquece pouco a pouco do princípio de realidade e passa a viver no domínio do princípio de prazer, tornando-se na adolescência um grande fã de filmes e narrativas escritas mostrando que, para obter qualquer coisa na vida, basta pedir, usar ou pegar à força... Venho há algum tempo sendo consultado cada vez mais por pais que apanharam dos filhos, seja porque sempre estiveram em posição de inferioridade com relação a eles ou porque um dia recusaram alguma coisa que sempre tinham aceitado (Ver também "Violência-agressão ou violência-punição?", p. 72.)

2
Você viu com quem ele anda?

Boas ou más, as companhias de seu adolescente são, em parte, e você sabe muito bem, o reflexo das relações que você tem com ele. Em outras palavras, se seu adolescente escolhe um grupo de amigos cujos ideais de vida estão em total desacordo com os de sua família, é, com certeza, preciso você se perguntar sobre a qualidade de suas relações em casa e saber por que seu filho ou filha crescidos precisa dessa forma tão flagrante de oposição aos pais. Sem esse questionamento, a comunicação entre vocês corre o risco de seguir o caminho do contrassenso e da provocação.

Evidentemente, como o julgamento parental é como é, ou seja, particularmente parcial e subjetivo, nem sempre vai ser fácil para você separar seu desespero por vê-lo conviver com os "góticos" do real perigo dessas relações. Para tentar ser o mais objetivo possível em sua avaliação da natureza e da qualidade das companhias dele, concentre-se em outros aspectos de seu comportamento, bem como em sua condição física e resultados escolares: esses costumam ser indicadores bem confiáveis de boa saúde psíquica e de integração social. E, custe o que custar, não tire conclusões apressadas: além de o *look* e o jeito estranho dos amigos nunca serem indicadores seguros de disfunção psíquica, suas críticas fortes, permanentes e sem fundamento poderiam deixar você desacreditado aos olhos de seu filho que, até esse momento e apesar das aparências, tem de você uma bela imagem, e não compreenderia esse sectarismo que faz você confundir a embalagem com o conteúdo.

A provocação se tornou sua moeda de troca

Eis um caso em que a preocupação dos pais se justifica: quando a escolha de um grupo de companheiros fora das normas é uma espécie de profundo apelo à comunicação e mesmo um verdadeiro pedido de socorro que significaria algo como: "Esses companheiros deliciosamente detestáveis que escolhi foram a única maneira que encontrei de provocar uma discussão com você". Se for esse o caso, não hesite em reagir, não apenas de maneira coercitiva, proibindo o contato com os tais companheiros, mas também, e principalmente, tentando compreender o sentido da mensagem indireta que seu filho lhe envia. Com efeito, na maioria das vezes, proibir de modo absoluto apenas agrava os problemas, especialmente se se tratar de um pedido de socorro. Um adolescente aflito precisa menos de um veto, ainda que essa proibição parental seja uma proteção que o tranqüilize, diga ele o que disser, quanto de uma explicação, pois esta é um sinal de que o diálogo está aberto. Portanto, não deixe de proibir, mas mostre também que você deseja, você também, uma trégua nas relações com ele.

Não espere demais antes de manifestar com clareza sua preocupação e tomar as decisões que se impõem. Se, num caso extremo, sentir que o grupo de companheiros o deixa de fato em perigo, seja mais incisivo em sua intervenção e proíba, mas também vigie e puna. Se é lamentável que isso só possa causar um conflito entre você e seu adolescente e leve suas relações com ele a ficar envenenadas por algum tempo, nos momentos de dúvida, repita para si mesmo que não podia agir de outra maneira e que, diante do perigo imediato que seu filho corria, você iria se arrepender por toda a vida se não tivesse feito nada.

Na maioria das vezes, felizmente, a escolha dos companheiros é determinada por outra dinâmica, a da afirmação de si. Encontrar companheiros que não são exatamente o que os pais chamariam de modelos vem simplesmente da vontade de se diferenciar, mesmo quando as relações com os pais são satisfatórias. Eis mais um dos suculentos paradoxos que marcam a vida do adolescente: é, em alguns casos, porque se sente muito bem na família que uma criança grande faz um esforço tão forte para se afastar dela.

"Quanto mais me sinto atraído por alguma coisa, mais me ressinto da dependência e mais preciso mostrar um amor imoderado por alguma coisa diametralmente oposta, com o único objetivo de me afastar": é mais ou menos esse o discurso de um adolescente de cabelos revoltos que vem ao meu consultório; adolescente que, no entanto, não parece ter problemas relacionais insuperáveis com os pais. Mas nessa dinâmica de alteridade, é preciso acrescentar, para ser honesto, que as forças em tensão são ainda mais importantes, já que o adolescente está inconscientemente pouco inclinado a abandonar a família, mas também já que essa família, não menos inconscientemente, não faz grande coisa para estimulá-lo a seguir seu caminho. E a cabeleira revolta de meu adolescente, assim como os *piercings* agressivos que ele espeta por todo o corpo, estavam diretamente ligados, no caso, a um funcionamento familiar feito de bastante amor, mas também de bastante controle.

Outra situação que justifica a preocupação parental é a do adolescente tímido e pouco seguro de si que se deixa influenciar por um grupo por causa de uma grande incapacidade de afirmar suas opções. Se essa hipótese lembrar o problema de alguns dos pais que me lêem, pais que estão convencidos de que seu filho, longe de ter escolhido seus companheiros, foi escolhido por eles e de que ele tem suficiente maleabilidade para mudar profunda e radicalmente de comportamento, então, sem dúvida, será imperativo manter vigilância com respeito às qualidades do grupo em questão; sendo uma escolha passiva e na falta de opções, seu adolescente poderá de fato acabar se envolvendo em atos marginais ou comportamentos de risco que estariam além do controle dele. Mais do que o *look*, o perigo dessas companhias depende da dinâmica que está na sua base. Quanto mais jovem, menos afirmado o adolescente está e maior sua oposição aos pais, além de que ele pode pagar caro por ser membro de um grupo marginalizado. Por último, o perigo da marginalização é menor quando ele começa a deixar de lado as tarefas da escola para concordar com seu grupo, que não gosta dos estudiosos, do que ele venha a adotar comportamentos de risco como o uso de uma quantidade cada vez maior de drogas. Não se esqueça de que metade das pessoas diz que experimentou drogas pela primeira vez porque o grupo a que pertenciam usava, nem de que a maioria dos casos de dependência começa quando a pessoa está com grandes incertezas e sofrimentos psicológicos (6).

Não suporto mais sua cara

Esconder-se em roupas unissex para dissimular um corpo que rejeita, vestir-se como pára-quedista, personagem de videogame ou estrela sedutora para afirmar um corpo com relação ao qual não tem tanta certeza, ou então sentir que existe através de algum grupo – assim podemos resumir as verdadeiras motivações do *look* adolescente. De modo geral, a escolha das roupas se refere de fato à identidade e ao controle de si mesmo. À primeira vista, os adultos percebem sobretudo a vontade de provocar, quando esta com freqüência não é o principal motivo do uso desses verdadeiros uniformes; o adolescente pode até fazer isso também por causa do olhar preocupado e mesmo assustado que os adultos vão lhe lançar, mas a principal motivação do *look* vem prioritariamente da necessidade de diferenciação/indiferenciação dos adolescentes.

Para tomar posse de um corpo ainda incerto, um adolescente deve, de um lado, impor a ele sua vontade optando por uma certa cor para os cabelos ou um dado *piercing* "sinistro", e, do outro, submetê-lo ao reconhecimento de um grupo de pares, que, em geral, nessa idade, não usam nenhum traje a rigor! Claro que, quanto mais diferente do mundo dos pais for o grupo, maior vai ser seu valor identitário e diferenciador. Uma página da vida do adolescente é virada: depois de ter sido, em sua pequena infância, diferente dos outros e semelhante aos membros da família, seu filho se tornou semelhante aos outros e diferente de vocês.

Dito isso, o olhar que os pais lançam ao *look* do filho adolescente também tem grande importância. Em caso de reação agressiva, de mofa ou de crítica, um comportamento, talvez carnavalesco, mas de modo geral passageiro, corre o risco de fixar-se. Em contrapartida, em caso de total indiferença, um *look* já provocador pode acentuar-se ainda mais na esperança de provocar uma reação dos pais – e, vocês podem confiar em mim, nesse campo um adolescente só tem como limite sua própria imaginação. Parece mais adequada a reação que fica no meio termo, do tipo "Não gosto muito disso, mas você é quem sabe o que faz". O "não gosto muito disso" tem a vantagem de deixar a comunicação aberta, ao contrário do "não gosto nada disso"; quanto ao "gosto muito disso", eu os desaconselho a usar, pois pode ser entendido como uma espécie de desafio de sua parte. De todo modo, nada o impede de proibir alguns comportamentos que podem se mostrar perigosos a prazo mais ou menos longo: por exemplo, colocar um *piercing* em qualquer parte do corpo, de preferência em alguma desconhecida lojinha dos fundos instalada num ninho de bactérias e de vírus.

Ser colega no ensino fundamental não é o mesmo que ser colega no ensino médio

No ensino fundamental nível II, os alunos têm necessidade de passar tempo juntos: não se trata apenas de jogar conversa fora, e já vimos os primeiros sinais disso no período de latência (entre 6 e 11 anos). Mas entre o nível II do ensino fundamental e o ensino médio, o significado de "colega" se altera. Basta observar os alunos nos intervalos escolares para perceber que meninas e meninos vivem principalmente separados uns dos outros nos primeiros anos do nível II do ensino fundamental e principalmente juntos desde o começo do segundo. Essa mistura, que permite as primeiras relações de sedução, só é possível quando o confronto com o outro sexo fica menos difícil, ou seja, quando o trabalho de auto-identificação e de identificação com outros indivíduos da mesma idade está prestes a se concluir.

Nas classes do ensino médio, principalmente as iniciais, os jovens têm necessidade de existir longe da família, mas o fazem diferentemente conforme sejam meninos ou meninas. Enquanto os meninos formam grandes grupos de colegas em que cada um procura obter o que não tem, as meninas têm antes confidentes a quem podem dizer tudo. Essa é uma maneira de elas saírem aos poucos do domínio materno: perto dos 12 ou 13 anos, elas confiam assim, pela primeira vez, parte de seu íntimo a alguém que não é a mamãe. Nesses intermináveis encontros a três ou a quatro, elas aprendem a falar de suas emoções e aprimorar sua percepção destas. No final do nível II do ensino fundamental e, principalmente, no ensino médio, passa a haver relações entre meninas e meninos nos grupos de jovens. É nesses grupos que ocorrem suas relações de sedução e seus encontros amorosos que desembocam em casais de duração mais ou menos curta, porém, na maioria das vezes, fiéis (7).

Pai-colega ou pai-pai?

Seja nos anos do ensino fundamental ou do ensino médio, os adolescentes, para fundamentar sua personalidade, alternam entre as referências familiares e as normas de seu grupo de pares.

Ao contrário do que podem pensar alguns pais, os adolescentes estão longe de rejeitar totalmente as normas familiares. É na verdade durante essa fase de incerteza e de oposição a tudo que caracteriza o começo da adolescência que eles permanecem particularmente leais à sua família. Lembro que, dada a maneira como eles tratam os pais, o fato de a família constituir para eles um referencial indispensável está longe de ser evidente. Isso não impede você de contar com a fidelidade deles aos valores da família, visto que eles precisam disso para se estruturar; e é essa fidelidade que eles tentam ao mesmo tempo combater, que explica em larga medida a tempestade comportamental que seu adolescente faz você viver (ver "Alguns pontos de referência para você compreender seu adolescente", p. 9).

Quando há uma grande distância entre as normas da família e a do grupo de pares, o adolescente tem dificuldades para satisfazer as exigências ambivalentes dessa lealdade. Por exemplo, uma família que proíbe ver TV ou jogar videogames, numa época em que 125% (sic) dos jovens o fazem, deixa o filho dividido entre dois sistemas de valores opostos: o do grupo de pares, que vai garantir sua futura independência, e o de sua família, a guardiã de sua identidade passada. Como não se pode ser sem ter sido, dá para compreender bem o dilema deles. Mas o inverso também é verdadeiro e, se as normas do grupo de pares e as da família forem parecidas demais, o adolescente também vai ter muitos problemas para definir seu território, porque é precisamente na atmosfera de diferença entre os companheiros e os pais que ele pode construir sua identidade de maneira satisfatória.

A dinâmica da adolescência não implica portanto rejeitar em bloco os valores familiares para aceitar de olhos fechados os do grupo de pares. Um adolescente se estrutura no terreno intermediário em que os valores familiares estão suficientemente afastados e suficientemente próximos dos valores do grupo de amigos. Cabe assim aos pais, na medida do possível, tanto evitar um ambiente familiar "jovem demais" como impedir sua casa de reproduzir a atmosfera de uma época que há muito já passou.

Primeiras férias com os colegas

Enquanto há bem pouco tempo você vivia no céu dos pais adulados pelos filhos, hoje, quando as férias se aproximam, ele diz que esse período de contato com vocês acabou e que prefere viajar com Cauê ou Priscila, porque assim ele ao menos se diverte. Depois de curar a ferida narcísica que isso deixou em seu ego, com ou sem a ajuda de uma bebidinha, e depois de ter considerado a objetividade do que ele disse, que equivale a perguntar se um adolescente poderia de fato divertir-se na casa dos pais, você deverá reagir. Vale a pena dizer que sua reação vai depender da idade de seu adolescente, da confiança que você tem nele, da natureza do que ele pede, de sua conta bancária e, claro, dos pais de Cauê ou Priscila, que você pelo menos tem de contatar e encontrar para combinar as coisas.

Nos anos do ensino fundamental, você não pode deixar seu filho ir sozinho se aventurar com um pouco de dinheiro no bolso, um mapa, uma bússola e um amigo ou amiga, mesmo que você tenha toda confiança nele. Mas nos anos do nível médio a questão muda radicalmente: você vai ter então de definir o que entende por dinheiro no bolso, amigo ou amiga, combinar o itinerário e a freqüência dos contatos por telefone durante a viagem. Como de qualquer forma algum dia você vai mesmo ter de deixá-lo viver a própria vida, comece a se acostumar e de preferência faça isso depois de uma negociação que deixe você e ele tranqüilos, em vez de criar uma situação angustiante tanto para ele como para você.

Uma última coisa: nessas primeiras férias, você vai ter medo de que algo aconteça a seu filho, mas também de se ver pela primeira vez, sozinho com seu cônjuge, ou sozinho mesmo, se não tiver um cônjuge. Embora esteja longe do óbvio, seu mérito vai estar em separar a angústia que tem relação a seu cônjuge ou a sua solidão da inquietação que vem da partida de seu filho.

Ele não tem nenhum amigo

A ausência de amigos ou a interrupção brutal de toda vida social costuma ser o sinal de uma verdadeira dificuldade psicológica. Além disso, os pais raramente se enganam quanto a isso, e quando pedem ajuda na consulta é muitas vezes porque perceberam um real desequilíbrio na existência de seu adolescente, e não simplesmente porque têm de resolver dificuldades passageiras da adolescência. Uma das primeiras questões do médico incide assim sobre o caráter da criança, pois ele precisa determinar se o adolescente que está diante dele sempre foi solitário, tímido, cercado apenas de um ou dois amigos, ou se, pelo contrário, era alguém bastante sociável até bem pouco tempo e de repente se afastou do mundo. No primeiro caso, a solidão é vivida como uma modalidade de existência do tipo introvertido, e, afinal de contas, o que haveria de errado com isso? Ser cercado por poucos amigos porque se selecionaram companheiros que aos poucos viram amigos pode ser um sinal de maturidade e de autoconfiança. No segundo caso, em contrapartida, pode-se pensar num acidente de percurso para explicar essa alteração radical de comportamento. A outra grande interrogação do médico diante desse tipo de comportamento é a de saber se o adolescente está sofrendo com isso. E, algumas vezes, é preciso muita empatia para descobrir o estado de espírito e as emoções que se escondem de fato por trás de uma resposta negativa a essa pergunta, porque o pudor do adolescente pode fazê-lo negar e banalizar seu sofrimento. Mesmo assim, quando o sofrimento é tanto que já não pode ser disfarçado, quando ele vem, por trás das palavras, perturbar todos os aspectos do comportamento, tudo na linguagem analógica de seu adolescente está presente para indicar a você que ele está mal e que você tem motivos para consultar o médico. (Ver também "Simples tristeza ou verdadeiro estado depressivo?", p. 9).

Para saber mais sobre o tema

De todo modo, faça você o que fizer, a perfeição não existe

Era uma vez duas jovens adolescentes de 16 anos que não se conheciam e que um dia fizeram uma mesma tentativa de suicídio com remédios. Quando interrogada sobre o motivo desse ato, uma delas respondeu ao pedopsiquiatra de plantão: "Eu queria ir passar as férias na casa dos pais de uma amiga, e meus pais, mais uma vez, não queriam deixar. Sou filha única, e estava saturada de viver entre dois fósseis rígidos. Vivo sufocada, e nem sei mais como dizer a eles."

A outra jovem, a quem o mesmo pedopsiquiatra fez a mesma pergunta, respondeu: "Acho que meus pais "se lixam" para mim. Cheguei mais de uma vez às 5 da manhã, e eles nem viram. Nas férias, posso ir para o deserto sozinha e eles não vêem nisso nenhuma problema. Vivo sufocada de solidão".

Será preciso dizer mais alguma coisa? Entre o excesso e a falta, nem sempre é fácil para os pais tomar a decisão certa e encontrar a distância certa de seu adolescente. Aliás, é por isso mesmo que estamos discutindo as coisas neste livro, não?

3
Mesada

"Não é justo! Por que ela e não eu?" Esta é certamente uma das frases emblemáticas do funcionamento humano e, em particular, do funcionamento adolescente. Em casa, você poderá experimentar variantes do tipo: "Todas as minhas amigas têm uma bolsa X [ponha aqui o nome de uma marca de que você nunca tinha ouvido falar] e eu fico que nem boba com minha bolsa velha Y [ponha de novo o nome de uma marca, desta vez que você conhecia, claro, pois foi você que a comprou para ela faz 2 ou 3 dias!...]. Estamos no centro das preocupações adolescentes: a importância do *look*, a vontade de parecer com as companheiras e companheiros, a necessidade de se distinguir dos pais... E a necessidade de dinheiro para tudo isso...

A linguagem do dinheiro

No dia da consulta, a frase "Não é justo! Por que ela e não eu?" atinge Luíza, a irmã de Fábio. Naquele dia, por algum motivo que nunca vou saber qual é, foi dia de acerto de contas na família S.

Primeiro ato: a mãe, que promoveu a filha mais nova à condição de "preferida", ao mesmo tempo transformou Fábio num sofredor, favorecendo assim indiretamente uma relação conflituosa e ciumenta entre os dois filhos. Para ela, os presentes e o dinheiro; para ele, nada.

Fábio repete: "Não é justo! Por que ela e não eu? Por que ela tem mesada e eu não?" Resposta da mãe: "Não tenho confiança em você, prefiro comprar eu mesmo as coisas de que você de fato precisa!"

Segundo ato: a situação se mostra mais complexa do que parece, pois a atitude dessa mãe com relação aos filhos está longe de exprimir uma pura e simples rejeição. Compreendo na verdade, ao longo da consulta, que ela gasta com Fábio bem mais do que gasta com Luíza. Como se atendesse, ou mesmo se antecipasse, a cada necessidade ou desejo de seu menino, mas sem lhe permitir administrar ao menos uma parte disso com a mesada que poderia dar a ele. Talvez se explique essa atitude pela semelhança física que o menino tem com o pai, um "canalha", que abandonou a família depois de esvaziar toda a conta bancária do casal. Imaginamos muito bem que essa mulher acerta as contas conjugais através de um filho que carrega a imagem paterna, mas também não podemos nos impedir de pensar que essa mãe ama seu menino, que ela o estraga ainda mais por sentir confusamente que ela exerce a função de sofredora da psique dela. É como se dissesse ao filho: "Você é igual ao seu pai e não vou lhe dar o dinheiro que você já roubou de mim; e dou a você tudo o que você quer, desde que eu mesma me encarregue de cada uma de suas necessidades".

Esses dois movimentos contraditórios mostram a que ponto o valor do dinheiro ultrapassa aquele que o Banco Central lhe atribui. Mostram ainda que a análise da comunicação em torno da circulação do dinheiro revela indiretamente a troca de afetos na dinâmica familiar (8). Uma última coisa: Luíza tem 8 anos e Fábio 15.

Como o dinheiro circula numa família (9)

Normalmente, se a mulher não trabalha, a quantidade de dinheiro que ela tem à disposição depende daquilo que o grupo familiar e a sociedade lhe proporcionam como satisfações compensatórias. Assim, no caso de rendas familiares médias e pequenas, enquanto as crianças têm pouca idade, cuidar dos filhos costuma ser considerado suficientemente gratificante no plano afetivo para que a mulher renuncie a seus direitos pessoais em nome do grupo e não exija mais do que isso. Esse "sacrifício" que a mulher faz de suas pretensões financeiras em nome do interesse familiar é algo que se faz presente bem cedo. Uma pesquisa francesa com alunos do ensino médio mostra que para as meninas a questão da identificação com a família já é mais forte do que nos meninos (10): as adolescentes em geral se preocupam mais com os imperativos do grupo familiar e são mais capazes do que os meninos de colocar em segundo plano suas necessidades pessoais. Isso ocorre também com meninas de menos de 12 anos: espera-se que a irmã seja mais econômica, e é em geral ela que empresta dinheiro a perder de vista a um irmão mais gastador. Nas fraternidades com duas irmãs, o comportamento gastador de uma delas pode igualmente corresponder a uma expectativa do imaginário familiar: a menina de que se espera que se comporte como tal age diante da irmã de que se espera que se comporte como um menino, como se ela fosse de fato um menino, adotando com relação a ela um comportamento de doadora.

Essa é uma atitude que não encontramos em famílias de alta renda, especialmente quando a mulher trabalha. Nesse caso, os cônjuges tendem a não reconhecer a autoridade do grupo e a pôr no primeiro plano direitos e valores individuais. De modo geral, as contas são separadas e o comportamento familiar com relação ao dinheiro passa antes por um consenso em termos do qual todos participam do funcionamento do conjunto sem que uns tenham direitos em detrimento dos outros. Assim, a relação é do tipo simétrico, pois os indivíduos julgam ter direitos iguais, ao contrário da que comentei, em que a relação é do tipo complementar e um dos indivíduos – a mulher, no caso – se apaga diante das exigências do grupo.

O que um presente pode esconder

Antes de os filhos chegaram aos 14-15 anos, é com freqüência a mãe quem parece mais preocupada com questões de dinheiro. Mais tarde, ocorre de a dinâmica familiar se modificar e o pai passar a ser quem decide a quantia de dinheiro mensal ou semanal a dar aos filhos, embora também seja comum que essa soma seja "arredondada" tacitamente pela mãe, diretamente ou através de presentes (11).

Essa mudança de dinâmica com respeito ao dinheiro ocorre assim no momento da adolescência, período em que a curva das exigências materiais assume uma dimensão exponencial, de resto diretamente proporcional à necessidade de independência do adulto que está surgindo. O "arredondamento do final do mês" que a mãe faz serve assim à administração de um paradoxo: ajudar o adolescente a assumir sua independência ao mesmo tempo em que o mantém preso à família. A mensagem transmitida parece ser: "O dinheiro que seu pai dá não basta para adquirir sua independência. Eu, sua mãe, estou pronta a ajudar você, mas você sabe que quando lhe dou dinheiro às escondidas eu o estou ligando em segredo a mim e à nossa família". O dinheiro transmite essa ambivalência entre ir embora e ficar, uma vez que normalmente o adolescente aceita os termos desse presente envenenado. Talvez também essa maneira de "ser comprado" seja para ele uma maneira de se garantir diante de seu próprio desejo de independência que o assusta.

A pretexto de favorecer a emancipação e a passagem à idade adulta mediante a concessão de um dinheirinho a mais, o ministério maternal, ao administrar fundos não-declarados e muito certamente em nome de um inconsciente coletivo familiar, mantém a infantilização necessária para manter o adolescente preso à família. Nessas condições, o sentimento de culpa que o adolescente pode vir a ter não passa do sentimento interiorizado de uma dívida com a família.

Ora, quando, em vez de representar alguma coisa altruísta que dá prazer e vem inesperadamente, um presente acentua o sentimento de dívida da criança que o recebe, pode haver conseqüências patogênicas, com o presente agravando, por exemplo, o sentimento de dependência e a impressão de incapacidade de voar com as próprias asas da parte do adolescente. São múltiplas as reações dele diante desse tipo de situação. Por exemplo, incapaz de recusar, ele pode reagir com uma tendência depressiva ou um comportamento agressivo. É comum que esses comportamentos impliquem impasses relacionais, porque os pais não conseguem compreender que seu adolescente se ressinta de sua generosidade, pois não entendem que, ao dar, aumentam o sentimento de dívida do filho, o que o leva a querer mais ainda se afastar deles.

Como mostrar-lhe o valor do dinheiro?

O cenário é sempre o mesmo: o adolescente que esta na minha frente me explica que os pais não lhe dão dinheiro suficiente. O pai diz que dá 10 euros (25 reais) por mês, e a mãe revela publicamente seu segredo que todos conhecem: os acréscimos regulares que faz para que o filho "se vire". O pai exclama que ela mima demais o filho, e a esposa replica que ele é exigente demais com o menino. Para modificar esse cenário familiar tão corriqueiro, peço ao adolescente que me diga qual o orçamento dos pais. Ele primeiro me olha surpreso e depois, diante de minha insistência, começa a escrever o livro de contas familiares, sob o olhar de dúvida dos pais, que descobrem que o diálogo pais-filhos com relação ao dinheiro é não só um diálogo de surdos, mas também de cegos (sic).

Cada vez que trabalho com adolescentes particularmente reivindicativos diante de pais que eles consideram mão-fechada, percebo que eles vivem sem ter a mínima noção do que sua família ganha ou gasta. Em contrapartida, alguns pais pensam que com 10 euros (25 reais) por mês o adolescente vai poder comprar cigarros, balas, bebidas, cinema, o combustível da moto e talvez ainda fazer economia, "se ele for sério"! Essas ilusões parentais não podem, isso está bem claro, ser conseqüência do desconhecimento do custo de vida, mas se explicam pela instalação inconsciente de uma estratégia destinada a manter o adolescente preso à família ("quanto menos dinheiro ele tiver na mão, mais ele vai depender de nós"!).

Os adolescentes, por sua vez, são mantidos longe da administração das receitas familiares e só ouvem falar de dinheiro quando são censurados porque gastam demais. Sem fazer ostentação da renda do casal, nem das dificuldades familiares, é importante que o adolescente saiba o preço das coisas cotidianas e não apenas do último CD de seu ídolo. Da mesma maneira, é importante que ele saiba a que opções financeiras a família está sujeita e que seja informado das grandes decisões, e até, de vez em quando, consultado sobre elas. Nessa etapa da vida de uma criança, o discurso que se deve ter com respeito ao dinheiro deve ser exato, sem exageros em nenhum sentido, para evitar o sentimento de culpa ou, inversamente, a visão angélica de um mundo em que basta pedir para ter e desejar para conseguir.

Quanto dar a ele de mesada?

No começo do ensino médio, seu adolescente começa a administrar seu próprio tempo. Logo, essa é a hora de lhe dar a possibilidade de administrar também uma soma de dinheiro, de acordo com regras que devem ser estabelecidas. Essa concessão é um importante fator educativo, e o protocolo que ofereço às famílias que me consultam é:

- *Artigo 1º* - As tarefas familiares não são remuneradas, porque o adolescente deve conceber seu lugar numa família como algo que implica não somente um conjunto de direitos, mas também um conjunto de deveres.

- *Artigo 2º* - Os trabalhos temporários nas férias são permitidos. Além do mérito de proporcionar um sentimento de autonomia, eles ensinam a associar esforço e recompensa, além de dar um sentido de responsabilidade. O dinheiro resultante pertence integralmente a seu adolescente, que faz com ele o que quiser, exceto no que se refere a despesas sujeitas a acordos da família (mobilete, viagem, etc.). Mas eles não devem ser aceitos se prejudicarem a saúde de seu filho ou seus estudos. No caso de grandes dificuldades econômicas da família, uma parcela da soma ganha poderá ser revertida ao grupo familiar. Seu adolescente vai gastar ainda melhor e sem sentimento de culpa o que restar e sua família vai sentir orgulho por ser apoiada dessa maneira na adversidade.

• *Artigo 3º* - A mesada é uma quantia fixa que pode ser reajustada todo ano (em função da renda da família, da idade da criança, do custo de vida, etc.). Esse valor fixo não deve estar sujeito a nenhuma obrigação em termos de resultados escolares ou de trabalho doméstico. Da mesma forma, a soma concedida não deve depender de punições nem de recompensas. O papel desse dinheiro é permitir que seu adolescente administre financeiramente sua vida cotidiana e aprenda assim a sair aos poucos da tutela dos pais. Visto de outro ângulo, esse dinheiro pode também ser considerado uma espécie de salário pago por sua presença na escola.

• *Artigo 4º* - Assim como as empresas oferecem bonificações, um abono de fim de ano pode ser negociado entre os pais e o adolescente, dessa vez em função dos resultados escolares e da renda familiar. Algumas famílias acrescentam o comportamento, mas nesse caso fica mais difícil conceder o abono, pois não há nada mais subjetivo do que um comportamento. Imagine que seu filho vai bem na escola, mas que haja divergências de opinião quanto ao comportamento entre os pais. Dou um tempo a você para refletir... Exatamente: esse é um problema bastante difícil...

• *Artigo 5º* - Algumas compras não são feitas com a mesada. Cabe a cada família definir que compras são essas na presença do adolescente.

• *Artigo 6º* - Pode-se admitir a idéia de dívida desde que seja paga no mês seguinte e não passe de uma porcentagem X mensal. Este último artigo nos leva diretamente ao que vem a seguir.

O que fazer se ele gasta tudo?

É preciso, antes de tudo, não ficar com pena dele se o caixa ficar vazio antes do dia 5 de cada mês. O estabelecimento do "sistema mesada" exige um grande rigor, sem o qual o efeito educativo esperado não vai se produzir, para não falar do risco de uma catástrofe. Não se esqueça de que a administração do dinheiro não é um dom natural. Além da diferença de comportamento já indicada, entre meninos e meninas, há diferenças entre adolescentes. Há adolescentes-contadores e adolescentes em cujas mãos o dinheiro queima. Essa variedade de comportamento é especialmente resultado de fatores culturais (consideram-se as meninas mais gastadoras do que os meninos) e familiares (lugar ocupado na fraternidade, identificação com um ou o outro genitor, dinâmica do grupo etc.).

Não cabe a você julgar as despesas inoportunas, pois afinal ele faz o que quer com o dinheiro dele. Também não vá suprimir o que lhe dá a pretexto de que ele compra qualquer coisa. Essa seria a melhor maneira de levá-lo a cometer as piores falcatruas para conseguir aquilo de que precisa. Mesmo assim, é preciso que ele saiba que a realização de alguns de seus desejos está restrita à sua mesada, e que você não vai lhe dar um centavo a mais. Dar mais dinheiro para cobrir o caixa faria seu adolescente acreditar que é possível contornar as regras estabelecidas e que basta desejar para ter. Quanto a isso, o rigor dos pais é importante, e mais ainda quando os pais não têm problemas financeiros, e por isso estão prontos a fechar os olhos aos erros de administração de seu anjo. Ora, esses pais precisam saber que aceitar todos os desejos de seu adolescente pode levar com o tempo a uma verdadeira catástrofe (uma criança desregrada capaz de tudo para conseguir as coisas que os pais lhe recusam, até de agredi-los para obter o que deseja).

Para saber mais sobre o tema

O dinheiro não deve ser um assunto tabu

A sociedade de consumo incita cada vez mais cedo as crianças, e quando chega a adolescência, os maus hábitos já estão muitas vezes fixados. Assim, levar seu adolescente a administrar sua mesada é uma tarefa que começa cedo, aos 4-5 anos (5, 12).

1) *Entre os 4 e 5 anos*, o dinheiro é uma noção abstrata que serve especialmente para obter coisas boas e que os pais conseguem "numa casa que tem números que é preciso digitar".

2) *A partir dos 7 anos*, você pode dar a seu filho uma moeda por semana, o que é uma maneira de reconhecer sua condição de criança crescida. Se estiver esperando outro filho, não deixe de antecipar a idade em que vai dar essa primeira moeda: isso vai valorizar a criança e atenuar os ciúmes que ela pode sentir diante do nascimento próximo de sua irmãzinha ou irmãozinho. Mas essa primeira moeda não desobriga você de suas tarefas educativas. Por exemplo, não se deve, para levá-la a parar de se lamentar, deixar que compre a bala desejada com sua mesada; não se afaste de seu curso e lhe diga: "Nós já vamos jantar, e não é hora de comer doces". Por outro lado, correndo o risco de me repetir, desaconselho enfaticamente a não confundir as coisas, começando, por exemplo, a remunerar a criança por tarefas domésticas que ela deve realizar tanto quanto os outros membros da família. Além disso, não misture sentimentos com mesada, evitando dizer a ela que ela faz besteiras porque não ama você e, por isso, vai deixar de lhe dar a moeda semanal.

3) *A partir de 11-12 anos*, a administração da mesada pode começar de fato. Mais do que a moeda semanal, que deixa pouca margem à administração, prefira antes dar uma quantia mensal a ser definida no âmbito da família e na presença de seu filho, é claro. É preciso que seu jovem adolescente aprenda na verdade que sua mesada faz parte de um orçamento global da família e que seu montante pode variar para mais ou para menos a depender das entradas e saídas dos recursos da família. Do mesmo modo, faça um acordo conjunto sobre as necessidades que essa soma deve cobrir, o que vai permitir a clareza sobre "quem compra o quê". Uma vez estabelecido o montante a ser dado, não interfira de maneira alguma na administração do orçamento do adolescente e não se esqueça de que a mesada não serve tanto para comprar coisas como para aprender a ser independente e responsável. Por fim, esse dinheiro não deve depender dos resultados escolares de seu adolescente. Se quiser, você pode dar um abono no final do trimestre ou do ano, mas não associe a mesada com sua afeição, o trabalho escolar ou as tarefas domésticas. (Ver também "Maurício, você vai ou não vai pôr essa mesa?", p. 26).

4
Fomos até convocados pelo diretor de sua escola

Era uma vez uma criança que, embora sem particular atração pela aprendizagem escolar, desde o começo do ensino médio mostrou uma vocação de estudante brilhante. Era outra vez (*sic*) outra criança que, perfeitamente adaptada ao ambiente quase familiar das classes iniciais de ensino, se perdeu por inteiro no ensino médio: passado um ano de problemas diversos e variados, ela se recuperou, mas só quando passou a interessar-se por uma profissão, já no ensino médio voltou a trabalhar com brilhantismo. A história desses dois adolescentes que, em algum momento de sua escolarização, tiveram dificuldades que depois superaram, não deve ocultar destinos escolares menos felizes de tantos jovens que acabam a longo prazo por fracassar de fato.

Entre esses jovens, há aqueles cujo fracasso parece ser a conseqüência de situações familiares complicadas, mas também aqueles que sofrem por não serem inteligentes, ou por serem inteligentes demais, os que parecem alheios a aprendizagens mais ou menos abstratas e distantes de sua realidade cotidiana e, por fim, aqueles cuja inteligência parece excluir de seu campo de aplicação a aprendizagem da língua, da escrita, da leitura ou da matemática, e que acabam por apresentar síndromes "dis" (disfasia, disgrafia, dislexia, discauculia). Essas grandes dificuldades de aprendizagem implicam muitas vezes o disfuncionamento neurofisiológico de certos grupos de células cerebrais, o que significa claramente que os pais não são culpados nem responsáveis (8). Contudo, mesmo que a pertinência da explicação orgânica seja em muitos casos incontestável, seria perigoso fazer dela um modelo universal de compreensão dos problemas e desconhecer que, por trás das dificuldades de linguagem, escrita, leitura ou cálculo, não há apenas células cerebrais sofrendo, mas principalmente o psiquismo de uma criança testemunha de conflitos interiores ou vítima de um disfuncionamento sócio-familiar. Como todo adolescente é um ser psicossomático que evolui no seio de uma família que está mergulhada num determinado contexto social, a emergência nele de um problema "dis" sempre estará situado num cruzamento de fatores que implica seus neurônios, mas também sua psique e uma certa dinâmica sócio-familiar.

O que pode gerar nele a vontade de estudar?

A adolescência é um momento em que a sublimação, que permitiu durante o período de latência as aprendizagens escolares, desaparece por trás do despertar das pulsões sexuais e do aumento das angústias ligadas à transformação do corpo. Trata-se de uma fase durante a qual se pode legitimamente perguntar onde e como nossos filhos vão encontrar energia suficiente para continuar a ter vontade de estudar. A entrada no ensino médio, que marca mais ou menos o começo da adolescência, com seu cortejo de instabilidades, corresponde também ao desaparecimento da função de contenção exercida pelo professor único da escola fundamental, e mesmo a perda de alguns dos colegas. Num terremoto desses, a solidez dos vínculos familiares é fundamental, e mesmo que seu adolescente rejeite os valores dos pais, você deve permanecer sendo para ele uma base permanente de segurança. Evidentemente, isso não basta, e também cabe à escola alimentar, junto com as famílias, o prazer de aprender, e vai ser preciso usar a imaginação, pois a energia da sublimação, tão preciosa durante a fase de latência, já não pode desempenhar o papel de estímulo da aprendizagem; é necessário substituí-la por alguma outra coisa, seja um material didático particularmente atrativo, seja professores com talentos humanos e psicopedagógicos particularmente eficazes. Por outro lado, as crianças e adolescentes não se enganam, e os que investiram na escola se dividem em dois grupos: os que dizem "é muito interessante o que aprendemos" e os que dizem "este ano tivemos professores excelentes".

Enquanto isso, seu filho inicia o ensino médio e começa a batalha entre o mundo dos prazeres extra-escolares e o mundo de aprendizagens mais ou menos rebarbativas. A coalizão entre TV, internet, videogames, "manos" e saídas é invencível diante de uma pedagogia que nem sempre se arma de recursos de sedução. Se acrescentarmos a isso o clima de *no future (sem futuro)*, o medo lancinante do desemprego e o gosto pelo imediato inscrito no próprio coração da adolescência (quero tudo e já!), é um verdadeiro milagre que esta manhã seu pequeno Vítor ou sua grande Carina tenha conseguido uma nota razoável em matemática.

Mas vamos adiante disso. Um adolescente que fracassa na escola pode também ser uma criança que, afora toda problemática sócio-familiar ou pessoal, não se interessa, não por seus estudos, mas pelo tipo de estudos que a sociedade lhe propõe. Sem síndromes "dis" nem deficiências intelectuais, pode ser que ela apenas se sinta mais atraída por aprendizagens concretas e pelo trabalho manual do que por abstrações matemáticas, definições de formas narrativas ou pela vida no Egito na época de Ptolomeu I. Trata-se simplesmente do seguinte fato: nossa sociedade não valoriza todas as formas de inteligência e, sem muito exagero, pode-se dizer que hoje só as que levam às classes preparatórias ou a faculdades de prestigio parecem ter um odor de santidade. Com essa atitude, esquecemo-nos com certa rapidez de que a definição de inteligência humana não passa obrigatoriamente por uma média alta em matemática ou linguagem. Tenho a impressão de que a capacidade da adaptação continua a ser um índice comprovado da inteligência humana, e o que há de mais adaptável do que uma criança para quem a felicidade está na jardinagem ou na mecânica em vez de na tese de filosofia ou na formação de professor de matemática? Assim, por que ter vergonha de Pedro Henrique, que está tão feliz por ter descoberto que seu caminho é a bricolagem e não o curso de medicina, ainda mais quando se sabe que, em termos de futuro, a escola é uma loteria em que os bem-sucedidos não têm a garantia de ganho e os fracassados têm chance de não perder?

Ele ainda não é autônomo...

Voltemos à terra. Se seu filho costuma estudar sozinho desde que entrou na escola, deixe-o continuar assim e lhe dê um trimestre de adaptação antes de julgar se deve ou não intervir. Se, pelo contrário, ele ainda não adquiriu o automatismo da independência no estudo, talvez esse não seja o momento de deixá-lo entregue a si mesmo, pois ele já tem problemas suficientes a enfrentar: puberdade, mudança de escola, mudança de ritmo escolar, mudança de colegas. A entrada no ensino médio é um período de adaptação que exige "dar tempo ao tempo" – ou seja, de "apressar-se lentamente". Nesse primeiro ano, os pais devem continuar a reservar tempo para verificar a situação do trabalho escolar, mas sem esquecer que seu filho não é um boletim ambulante: mesmo que ele esteja começando a adolescência e veja as coisas cada vez mais do ponto de vista dos amigos e das saídas, isso não é motivo para reduzir a vida familiar ao trabalho escolar.

Quanto à autonomia, só a partir do segundo ano do nível II do ensino fundamental e especialmente do terceiro vocês como pais deverão insistir nela, porque o trabalho de independência de seu adolescente só vai começar mesmo no quarto ano e só se completa mais ou menos no inicio do ensino médio. Repitam para si mesmos, pais, a fim de ajudarem a si mesmos nessa emancipação de vocês e de seus filhos, que de qualquer maneira vocês não vão poder cursar a faculdade por ele! De modo mais concreto, vocês deverão se acostumar com a idéia de que a imposição usada para levar seu filho a estudar direitinho no começo do ensino fundamental deve agora ceder lugar, aos poucos, a um estímulo mais pessoal, feito, se possível, de interesse pelos estudos e de prazer com eles. A primeira base dessa autonomia progressiva passa por uma matéria de que seu filho gosta e na qual ele se sai muito bem. Diga a ele: "Você é bom em matemática (português). Por isso, faça seu trabalho sozinho e venha me pedir ajuda só se precisar. Vamos fazer isso por um mês. Se não der certo, voltamos juntos ao jeito de sempre". O objetivo dessa estratégia é levar seu filho a ir aos poucos se acostumando a estudar só até que, no terceiro ano de curso, não peça sua ajuda sistematicamente, mas somente quando tiver uma dificuldade bem específica. Esse é também o momento em que ele deve começar a fazer o trabalho da escola no quarto dele, em vez de tomar conta da mesa da cozinha ou da sala, perto do olhar de mamãe. Essa migração é necessária e marca metaforicamente a passagem da dependência à independência que você deseja, mesmo que tenha medo dela...

Ele tem dificuldades escolares

Não é porque decifra um texto que o adolescente sabe ler, mas é muito difícil, mesmo para o professor, não cair na armadilha desse diagnóstico. Ainda mais porque, para disfarçar os problemas que tem, o aluno se esconde rapidinho sob a máscara do desinteresse e da desmotivação, pensando que é melhor parecer preguiçoso do que incompetente. Assim, ele vai desenvolver muita energia para que o "ele não sabe ler" se disfarce em "ele não gosta de ler" ou então pelo "ele não se interessa pelos estudos".

Felizmente, há alguns sinais, nesse caso também, que vão servir para alertar você. Você vai perceber que ele não sabe ler quanto ele hesitar para decifrar um pequeno anúncio de um game que ele adora de paixão. Mesmo que ele tente contornar o problema dizendo "Esse anúncio não serve para nada; todo mundo sabe como funciona esse game!", você vai perceber sua dificuldade. Você poderá ainda fazer um pequeno jogo com ele. Poe exemplo, "Vamos ler em voz alta, um de cada vez, uma história diferente, e vamos escrever numa folha todas as palavras que lembramos. Quem se lembrar de mais palavras ganha!" Esse mesmo exercício, mas de leitura silenciosa, tem a vantagem de determinar, além da capacidade de leitura, o tipo de memória de seu filho, visual ou auditiva. Essa pequena experiência é possível até a oitava série, porém quanto mais tempo você esperar, mais difícil vai ser fazer como uma brincadeira – seu filho não vai deixar de perceber seu motivo oculto, já que você costuma brincar com ele depois de certa idade. Nesse caso, simplesmente diga a ele, com honestidade, que quer fazer com ele uma avaliação para ver como poderá ajudá-lo nesse ano. Em contrapartida, depois da sétima série, diga você que é jogo ou avaliação, é provável que seu adolescente não queira nem saber. Mesmo assim, insisto: aproveite-se das grandes classes do ensino fundamental e das pequenas classes do ensino médio para tentar saber se os eventuais maus resultados escolares de seu filho são ou não decorrentes de dificuldades de leitura.

Tirando a dislexia e a disortografia, dificuldades de leitura que ocorrem sem que haja problemas cognitivos, auditivos ou visuais, e que se caracterizam por confusões, inversões ou acréscimos de palavras inexistentes no texto, numa idade em que isso não deveria mais acontecer (13), a causa mais importante das dificuldades escolares está no fato de a criança, mesmo tendo aprendido, não ter praticado o bastante. Numa época em que não se vive mais numa cultura do livro, é difícil gostar de escrever e ler quando o conhecimento vem do prazer de ver TV, escutar o rádio ou brincar no computador. Um estudo comprovou que já há uns dez anos existe a mesma porcentagem de jovens que não lêem ou lêem pouco (22%) e de jovens que lêem de modo regular e a assíduo (23%) (14), mas também mostrou que a grande diferença ao longo desses 10 anos foi a perda do interesse pela leitura e o fato de o livro ter deixado de ser a fonte de conhecimentos, experiências e diversão. Desse modo, se apesar de tudo seu filho se preocupa com a leitura e a escrita, sejam espertos e desenvolvam nele o gosto da pesquisa em livros e revistas de informações que ele poderia conseguir com seus métodos habituais de obter informações. Por que não assinar para ele, digamos, uma revista sobre games, esportes, motos, futebol ou música? Para dizer a verdade, ele pode fazer da leitura apenas um recurso secundário de conhecimento e prazer, bem atrás da TV, do rádio, da internet e dos videogames, mas é preciso viver de acordo com a própria época, e felizes são os pais cujos filhos não apenas sabem ler, mas que gostam de ler, mesmo quando preferem a TV.

Indisciplina, angústia ou hiperatividade?

Ele mostra tanta energia para satisfazer os neurônios em efervescência orgânica e porque, como muitos outros adolescentes, vamos ter a coragem de dizer, sofre de hiperatividade, ou para manifestar turbulências intrapsíquicas que o agitam, ou será para dizer a você alguma coisa que você não entende? Essa é a primeira pergunta que você deve fazer a si mesmo. De fato, um adolescente também pode ser agitado porque recusa a autoridade ou tem uma angústia que não consegue exprimir a não ser por meio do corpo; a causa disso não é unicamente uma síndrome de hiperatividade com déficit de atenção. Além disso, essa doença neurofisiológica afeta apenas 5% das crianças, e não, ao contrário do que querem às vezes nos fazer crer, a causa mais comum das "síndromes de agitação" (15). Antes de ceder à moda ambiente e pensar na eventualidade de um diagnóstico de hiperatividade (4), comece antes por responder às 6 perguntas a seguir:

- Quando era criança, seu adolescente passava constantemente de uma atividade a outra?
- Ele apresenta agora dificuldades para concluir uma atividade, mesmo que goste dela?
- Você tem a impressão de que vive repetindo as coisas que diz a ele e de que ele vive não entendendo?
- Ele escuta histórias até o fim?
- Seus cadernos são todos riscados, mal cuidados, e com exercícios inacabados?
- Vários professores se queixaram durante vários anos de sua instabilidade?

Se responder "sim" a todas essas perguntas, ou se tiver dúvidas com relação a todas elas, aí sim é bom procurar um especialista, pois os adolescentes que sofrem de uma síndrome de hiperatividade podem se beneficiar muito de um tratamento. Por último, é preciso esclarecer que esse problema, atualmente muito na moda, se caracteriza por uma enorme agitação, e nela se concentram todas as atenções, mas também e principalmente por problemas de atenção, que em geral as pessoas tendem a desprezar, naturalmente porque é mais difícil de perceber. Assim, antes de se preocupar com uma eventual síndrome, preste atenção nesses dois componentes e não deixe de lado a face mais oculta do problema.

Ele se recusa a ir para a escola

A recusa da escola pode se manifestar de várias maneiras, diretas ou indiretas: dificuldades de aprendizagem, confissões espontâneas ("não gosto da escola"), dores de cabeça ou de estômago no domingo à noite ou na segunda de manhã uma fobia escolar mais ou menos reconhecida (16). Tomemos o exemplo de um adolescente que, fora do contexto escolar, não tem nenhum problema particular, mas que, na hora de ir para a escola, tem uma reação de angústia que vai aumentando com a insistência dos pais. Nesse caso, os pais estarão diante da realidade da fobia escolar ou então do caráter utilitário desse comportamento. Assim, Marcos, 15 anos, não freqüenta a escola faz 3 meses. Seus pais se preocupam mais ainda porque ele não trabalha e passa a maior parte do tempo no videogame, na frente da televisão, a andar com sua turma ou a ir jogar futebol no clube, onde aliás é conhecido como jogador brilhante que, além disso, sabe jogar em equipe. Marcos diz que não quer ir à escola, que fica angustiado, que se atrasou demais. Mais tarde, ele vai querer ser jogador profissional de futebol. No caso desse adolescente que vai bem no geral, exceto na escola, não existe fobia escolar, mas simples recusa da escola. Mas outros adolescentes parecem de fato estar passando por autênticas dificuldades psicológicas.

A verdadeira fobia escolar costuma ser marcada pela presença permanente, mais ou menos oculta, de problemas ansiosos e até depressivos, que se agravam no momento de ir para a escola. Ela em geral tem como causa um medo grande e irracional de deixar a companhia dos pais ou o temor de encontrar um ambiente hostil, com ou sem razão. Sejam quais forem os motivos exatos do problema, um adolescente que sofre de fobia escolar em geral apresenta uma personalidade marcada pela angústia da separação. Essa angústia, forte na primeira infância, pode se reatualizar brutalmente através de um comportamento de fobia escolar quando ocorre algum evento mais ou menos traumatizante que atinge o círculo familiar (doença de um dos pais, tensões conjugais) ou referente à vida socioescolar (chantagens, trotes, dificuldades escolares). Permito-me esclarecer que essa patologia é às vezes alimentada inconscientemente por pais que consideram, de modo mais ou menos explícito, que o filho é uma espécie de sofredor que não tem seu lugar na escola por ser demasiado culto, demasiado inteligente, demasiado isso, pouco aquilo... Seria essa uma maneira de esses pais dizerem que não estão prontos a deixar o filho se emancipar?

Está bem claro que ele não quer fazer nada

Ir bem na escola é ter prazer em se intelectualizar, em administrar as “coisas da escola” e enriquecer o conhecimento do mundo. É também poder desejar crescer sem temores. Claro que nem todas as crianças estão preparadas para atender a essa demanda evolutiva (17).

Assim, há o adolescente que decide que não se interessa pela escola e dirige toda a sua energia para não fazer nada, bem como o adolescente cujo espírito está a tal ponto preocupado que não fica disponível para mais nada, mesmo que quisesse. Ora, a psique de um adolescente é especialmente eficaz para não reconhecer que está preocupada e dissimular seu problema recorrendo a um aparente desinteresse. Ela se deixa levar por um raciocínio que é mais ou menos o seguinte: "Não posso admitir minha preocupação, que me impede de estudar, porque ela dói demais, e por isso prefiro dizer que a escola não me interessa!"

Como distinguir então entre uma criança que não quer e uma que não pode? Parece-me que a criança que de fato não se interessa pela escola tem em geral interesse e prazer em outras atividades, mesmo que estas não sejam forçosamente aprovadas pelos pais. Uma criança que não consegue estudar porque está muito preocupada sofre uma restrição geral a suas atividades. Isso é um pouco simplista, mas é preciso ter algumas pistas para aplicar, e isso é certo.

A lista de vantagens que há em permanecer criancinha ou a lista de desvantagens que há em se tornar adulto é longa; vai da angústia com a idéia de um dia ter de cuidar sozinho de si mesmo à recusa em deixar os pais, que a criança julga que não poderão viver se ele não estiver lá. Isso se aplica em especial a certos filhos de migrantes, que, quando vão à escola, têm a impressão de abandonar os pais, que para eles não poderão cuidar de si mesmos porque não falam a língua do país (18). Acontece também, em outras situações, de a pressão dos pais em termos de sucesso escolar ser forte demais e deixar sufocado o jovem adolescente, sem nenhum prazer em aprender. O jovem então passa a usar estratégias mais ou menos conscientes para fugir dessas restrições. E temos o "Sem Noção", que passa horas em sua escrivaninha fingindo que estuda, ou "João Esperto", que põe toda a sua vontade e imaginação a serviço do nada fazer, ou então Juliano, o pseudo-obsessivo, que nunca acaba de aprender e de recitar as lições que sua mãe, ela mesma, decorou.

Seja qual for o caso que a preocupa, não adianta acreditar que o método que você usa há meses e que claramente não dá resultado vai um dia ajudar seu filho a ir bem na escola. Para sair desse impasse que deixa você esgotada, sua única opção é desistir dessa situação que não agrada a ninguém e criar outra estrutura. Você poderá então mudar os protagonistas da relação e decidir que a partir de agora vai ser o pai ou outro estudante que vai ajudar seu filho a estudar; poderá também, mesmo que isso a incomode, mandá-lo para a casa dos avós ou pensar num internato. Mas duas coisas são certas: a primeira é que "sempre mais do mesmo" não vai dar nenhum resultado e que você terá de descontextualizar, ou seja, modificar o contexto relacional de seu adolescente – para ser claro, imaginar um novo modo de comunicação que surpreenda seu adolescente, há tanto tempo acostumado aos mesmos cenários relacionais (19). Conto a título de exemplo a história de um adolescente que estudava se a mãe insistisse. Um dia a mãe, esgotada, disse a ele: "Temos coisa melhor a fazer juntos do que ficar fazendo suas tarefas de casa de segunda a domingo, das 6 às 9 da noite. Por isso, faça você mesmo seu trabalho; afinal, é seu futuro que está em jogo. Claro que estou à sua disposição em cada dificuldade, mas eu gostaria que no sábado à tarde você pudesse convidar uns amigos para vir aqui, se você quiser, e que no domingo fôssemos fazer juntos alguma coisa que escolhermos". É preciso coragem para dizer isso, não? E, no caso, valeu a pena!

Mudar de escola ou pô-lo num internato?

A mudança de escola, e mesmo o internato, é uma solução de descontextualização que pode ter aspectos positivos se não for anunciada de maneira impositiva. Logo, se seu filho não aprende nada e pede para mudar de ambiente, isto é, de contexto, talvez ele esteja com necessidade de começar de novo. Você então vai ter de fazer seu próprio trabalho de luto por não ter seu pequeno toda tarde em casa, ou, de modo mais trivial, aceitar complicar a vida mudando a escola em que ele estuda. Em contrapartida, se ele não aprende nada e você acha que a solução é mandá-lo para um internato, mas se ele não quer ir, então ele precisa menos de começar de novo do que ficar em casa para acertar aí algumas contas relacionais. Cabe então a você avaliar se a solução do problema escolar passa por uma nova escola ou por uma alteração de sua relação parental. A mudança de escola pode ser uma preciosa ajuda para reiniciar um diálogo pais-filho que tenha sido interrompido, mas não faz milagres. Tudo depende da aceitação ou não por seu adolescente. Em outras palavras, a mudança de escola ou o internato são interessantes em caso de dificuldades escolares que nunca se resolvem e com o acordo de seu adolescente. Outro motivo para elas seria o fato de seu filho ter sido objeto de alguma chantagem e agora teme continuar na escola ou se sua atual escola está associada a algum evento especialmente doloroso (morte de um avô, divórcio dos pais etc.). Mesmo assim, mudar de escola é uma decisão que deve ser pensada por um bom tempo, porque além da transferência que você vai ter de pedir, isso implica deslocamentos, novos ritmos, o afastamento de uma rede de amigos já constituída e despesas extras, especialmente se ele for passar da escola pública à privada. Como tudo na vida, é o resultado algébrico dos prós e contras que vai ditar sua decisão.

E se somos responsáveis por seu fracasso?

Fora os casos em que a patologia ou a deficiência do adolescente está em jogo nas dificuldades escolares, podemos sempre nos perguntar se na origem do fracasso escolar não está a atitude parental com relação aos estudos. Embora todas as crianças possam passar, em algum momento, por períodos de oscilação, oscilações duradouras evocam inevitavelmente a questão da responsabilidade inconsciente dos pais no desinvestimento do filho. Acrescento imediatamente, para evitar mal-entendidos, que a dinâmica do fracasso não segue uma dinâmica de causalidade simples ("é por causa de"), mas em vez disso evolui num quadro relacional em que os protagonistas querem chegar a um equilíbrio entre vantagens e desvantagens. Falando diretamente, isso quer dizer que o comportamento escolar de um adolescente só poderá ser afetado pelo inconsciente parental se houver em seu próprio psiquismo algo que possa ser afetado dessa maneira. E é por isso que podemos ver um adolescente brilhante fracassar lamentavelmente no vestibular para, de modo inconsciente, não abandonar pais iletrados que sempre precisaram de seu único filho. Para além das aparências, essa decisão inconsciente sem dúvida vai ser, para esse adolescente, a melhor solução possível, o que prova, como se fosse necessário, que a realidade nos impõe, na maioria das vezes, uma lógica do menos pior, e não do melhor.

Mas às vezes são certas situações de instabilidade familiar inviável que impõem a um adolescente encontrar uma solução a curto prazo, seja ela qual for. Isso ocorre em especial quando a escola se torna o campo de batalha privilegiado nas brigas do casal. Alguns conflitos conjugais podem de fato passar pelo boletim escolar da criança, e o mesmo pedaço de papel começa a simbolizar as expectativas de uma mãe que valoriza em excesso os resultados escolares e o rancor de um pai que quer acertar velhas contas com a escola, e outras, mais recentes, com a esposa. Imagine então como o adolescente vai ficar dividido e confuso no meio desse fogo cruzado! Uma das soluções que ele pode adotar será sair desse campo de batalha através de um comportamento que ponha todos de acordo: o da marginalização, por exemplo. Afinal, que pais deixariam de ficar preocupados, juntos, se o filho adolescente passasse a conviver com um grupo de usuários de drogas ou de vândalos?

Para saber mais sobre o tema

Quando o contexto da comunicação induz o comportamento

O contexto relacional induz em larga medida os comportamentos de um individuo. Isso se aplica não somente aos adultos, mas também aos adolescentes, e essa constatação tem ao menos duas aplicações práticas em matéria de educação.

1) Em geral, os pais tendem a esquecer que seu rebento se comporta de maneiras diferentes em contextos diferentes e que seu adolescente não se comunica da mesma maneira, quaisquer que sejam o lugar e as pessoas presentes. "Com essa idade ele ainda faz xixi na cama; então como o doutor quer que nós o deixemos ir para o acampamento?" – disse-me um dia a mãe de um adolescente. Essa simples frase mostra bem como, na realidade cotidiana, o julgamento dos pais pode ser desmentido. Com efeito, não é no contesto "cama" que o adolescente faz xixi, mas no contexto "cama na casa dos pais". Ver as nuanças contextuais que se impõem, em geral, permite resolver bem as dificuldades e particularmente bem as dificuldades escolares (ver acima as vantagens que pode haver em mudar de parceiros no trabalho em casa, e mesmo mudar de escola).

2) Os pais muitas vezes perguntam sobre a normalidade do comportamento de seu adolescente, mas se esquecem de perguntar para quem esse comportamento é problemático: para o adolescente, para os pais ou para uma instância social como a escola? É o mundo sociofamiliar que sofre ou o adolescente que procura exprimir o mal-estar que sente? Como é assim que as coisas se passam, quando os pais perguntam sobre a normalidade na consulta, o comportamento incômodo já provoca uma verdadeira preocupação. E a essa altura saber se a preocupação é justificada por sintomas que revelam um real sofrimento psíquico ou não têm nenhum fundamento real na verdade já não importa, pois, como se sabe, algum "efeito pigmalião" leva a significação atribuída a um comportamento a condicionar em parte o futuro desse comportamento. Em outras palavras, diante de uma preocupação, justificada ou injustificada, a estratégia a adotar não se altera: é preciso ver o sentido que ela tem e organizar uma espécie de catarse para impedir que essa angústia adoeça de fato um adolescente que no começo do problema não estava doente.

5
Ataques e violências

Recebi uma vez pais que me consultaram sobre seu adolescente, que disse ter sido atacado, quando simplesmente se esquecera do relógio no ginásio de esportes. No momento de ocorrência do fato, não se suspeitou de mentira, e os pais acreditaram totalmente nessa sombria história da gangue que atacou seu filho para lhe subtrair o relógio ameaçando-o com um estilete. Acreditaram diante "de tudo o que se ouve falar hoje em dia", antes de perceberem, depois de investigar e reunir dados de várias fontes, que o filho tinha mentido. A história desses pais um tanto ingênuos que foram me consultar para saber se seu filho não era mitômano, não põe em dúvida a realidade social dos ataques na escola, mas mostra que a sensação de insegurança pode, em alguns casos, atribuir um sentido a fatos banais que só têm com a violência uma ligação bem distante. Lembra-nos ainda de que o contexto social oferece por vezes responsáveis míticos bem conhecidos, os colegas que atacam os outros, e que pode ser mais fácil para um adolescente invocar uma explicação fornecida pelo atual clima de insegurança do que contar aos pais que esqueceu ou perdeu o relógio ou o trocou por um DVD. Com esse jogo, seu adolescente pode assumir um ar de vítima a lastimar ao mesmo tempo em que escapa de uma boa repreensão associada ou não a uma punição. Espero que essa história exemplar estimule todos os pais de hoje a manter a cabeça fria e a não dramatizar (21).

Mas o que leva todos eles a serem violentos?

Desde os anos 1990, a delinqüência infanto-juvenil é um fenômeno que vem se desenvolvendo, lançando os adultos numa aflição de que todos querem se livrar. Uns se voltam para os psiquiatras e esperam que haja um desses profissionais vigiando cada adolescente violento; outros apelam a forças coercitivas e exigem a abertura de centros de educação fechados. Será que nos esquecemos de que o adolescente sempre foi violento (22) e que só quando entregue a si mesmo, sem proibições nem parâmetros educativos, é que ele se torna, nas palavras de Chevènement, um "selvagem"? Mas todos os especialistas concordam em dizer que a violência do adolescente é uma energia que é parte integrante da vida. Para alguns, essa violência até remete a uma violência vitalmente fundamental inscrita no íntimo de cada um de nós e exprime, não uma pulsão sexual, mas um verdadeiro mecanismo de adaptação à vida (23).

A violência não é algo exclusivo de nossa sociedade. De modo particular, desde os tumultos da Idade Média sabemos que ela escolhe como domicilio, preferencialmente, os adolescentes. E quem se surpreenderia de que ela apareça preferencialmente num período da vida marcado pela exuberância da vitalidade? Numa época mais próxima, um estudo feito com 12.000 jovens entre 11 e 18 anos confirma o caráter naturalmente violento de nossos jovens. As principais conclusões foram (24):

• *A violência é o único comportamento que diminui com o aumento da idade*. Assim, no caso dos meninos, ela passa dos 32% aos 19% entre 11 e 18 anos, mantendo-se em 32% entre os 11 e os 15. No caso das meninas, a violência atinge seu apogeu aos 14-15 anos, atingindo 18% das senhoritas. De modo bem intuitivo, os professores de classes dessas faixas etárias confirmam esses dados.

• *A taxa de violência sofrida aumenta com o aumento da idade*; passa entre os 11 e os 18 anos de 12% a 30% para os meninos, e de 5% para 16% entre as meninas. As meninas e principalmente os meninos vitimados pela violência permanecem muito tempo violentos. Desse modo, entre as vítimas de violência física de 11-13 anos, 43% apresentam comportamentos violentos, contra 18% de adolescentes dessa mesma faixa que não o foram. Mas aos 18 anos essa diferença é menor, e a porcentagem de adolescentes violentos que sofreram violência é de 24%, contra 12% dos que não sofreram.

• *Os comportamentos violentos dos adolescentes têm relação direta com a maioria dos comportamentos aditivos (álcool, tabaco, drogas).*

Diante de um ato violento, nem sempre é fácil separar o que vem do desenvolvimento, o que vem do indivíduo particular e o que vem do sistema relacional sociofamiliar. Para ajudar você a discernir com mais clareza, foram identificados quatro sintomas mais evidentes que podem indicar se o adolescente está enquadrado na categoria de risco de atos violentos mais graves:

1) O adolescente não tem respeito por si mesmo, pelos outros nem pelas regras que governam as relações humanas.

2) O adolescente tem muito pouca tolerância à frustração.

3) É, paradoxalmente, muito frágil: não tem um ego sólido; tem uma identidade mal afirmada, com falta de confiança em si e nos outros; tem uma personalidade bastante influenciável.

4) Não parece ter vínculos de pertinência satisfatórios com a família ou a sociedade.

Como saber se ele vem sendo atacado?

Estima-se que 20% dos colegiais são vítimas desse tipo particular de violência que é o ataque na escola (21). Esse número é, sem dúvida, bem inferior ao real, porque, se há com certeza falsos ataques cuja utilidade é rapidamente descoberta, do mesmo modo muitas situações críticas não são denunciadas pelos adolescentes por medo da reação dos adultos, por vergonha de sua fraqueza ou por medo de seus algozes. Isso ocorre principalmente no ensino médio e com os jovens que usam roupas e objetos que podem ser invejados.

O campo do ataque escolar é amplo, pois engloba tudo o que é obtido por meio de pressões psicológicas ou ameaça direta ou indireta mais ou menos forte em termos físicos. Assim, ter o lanche roubado, ser obrigado a fazer as tarefas de um colega, perder alguma roupa ou CD ou então ser obrigado a dar dinheiro a alguém (o que, aqui entre nós, pode explicar alguns roubos domésticos) também é ser atacado. O trauma provocado depende então da natureza do bem perdido ou do serviço prestado contra a vontade, mas também da violência física ou psicológica do ataque, da personalidade do adolescente atacado e da capacidade dos adultos de aumentar a autoconfiança da vítima.

Embora não haja um indício preciso e constante que indique que um adolescente vem sendo alvo de ataques, toda mudança excessiva de comportamento deve levar os pais a se manter alerta. Há algumas atitudes particulares que os pais devem observar atentamente: se seu filho fica inibido, caladão, medroso, evitando certos lugares e certas situações, se fica bloqueado ao mesmo tempo no plano escolar e no afetivo, se recusa todo esforço intelectual, se fica violento com os que o cercam, inclusive as pessoas mais próximas. Na verdade, algumas crianças agressoras começaram sua "carreira de durões" depois de agredidas (24): esse comportamento diante dos outros lhes permitiu restaurar a auto-estima ferida através da identificação com o agressor e da passagem para o grupo dos mais fortes. Os pais devem dedicar especial atenção a mudanças repentinas dos hábitos dos filhos, se, por exemplo, ao chegar da escola ele vai direto para o quarto e fica trancado lá, sem fazer nada divertido, se começa a usar roupas antigas em vez das que usava até então bem satisfeito, se deseja que alguém o acompanhe até a porta da escola ou se inventa algum mal-estar para não ir à escola ou se desenvolve uma verdadeira fobia (ver também "Ele se recusa a ir para a escola", p. 59).

Como reagir em caso de ataque?

O ataque escolar atinge majoritariamente meninos de 12-15 anos, introvertidos, tímidos, sem autoconfiança, que não gostam de confrontos nem de violência e que, naturalmente, não sabem se defender. Buscando companheiros a todo o custo, eles não se dispõem particularmente a denunciar os comportamentos violentos de que são vitimas, em parte por medo, em parte por não desejarem ser rejeitados pelos companheiros. Assim, é importante que os pais discutam com o filho, evitando todo catastrofismo, que costuma angustiar esse tipo de adolescente. O simples ato de mostrar que o ataque existe revela que vocês estão a par do problema e que saberão o que fazer se acontecer, o que o tranqüiliza. Evite também transformar um adolescente tímido numa butique ambulante. Claro que ele não é responsável pela incivilidade ambiente, mas os objetos de grife, caros e vistosos, o expõem a ser vítima daqueles que não podem comprá-los e que querem sempre mais.

O que fazer se, apesar das discussões e de seu trabalho preventivo, acontecer um ataque? Em primeiro lugar, não tentar reagir ao medo com o medo, pois se corre o risco de criar outro incidente e levar seu filho a ocultar um ato que é por natureza repreensível. É em parte por causa do "deixa-prá-lá" dos adultos que se instala o silêncio. Mas não se pode transigir quanto ao seguinte ponto: dar queixa na delegacia. Mesmo que as chances de recuperar o objeto sejam mínimas, esse ato de denúncia da violência lembra que isso não é admissível. Procure também a administração da escola para registrar a ocorrência e se seu adolescente estiver inquieto, não deixe de acompanhá-lo ou mandar que algum adulto o acompanhe na entrada e na saída da escola até que a situação se acalme. Às vezes, pode-se até ter de mudá-lo de escola e aproveitar para aplicar desde o começo medidas de segurança. Se, apesar de todos esses esforços e das condições de segurança implantadas por sua preocupação, o fato se repetir, pergunte se seu filho não está em um processo de vitimização e pense em consultar um terapeuta.

Essas medidas de segurança são fundamentais, pois o trauma que o ataque representa vai além da contrariedade financeira e da violência física exercida. Essas experiências marcam uma criança de maneira mais ou menos profunda e duradoura nas relações com os outros, os outros adolescentes, claro, mas também os adultos, que foram ou não capazes de socorrê-lo nesse momento de necessidade.

Será ele mesmo um atacante?

Se é verdade que 40% das crianças violentas pertencem a famílias desunidas e que os homens que sofreram na infância maus-tratos físicos costumam ser mais violentos que os outros, também é verdade que os adolescentes que atacam os outros não são necessariamente crianças desvaforecidas ou jovens que há muito se marginalizaram, assim como é verdade que eles podem ser dos dois sexos (o número de meninas está aumentando a cada dia!).

Em certos casos, esse tipo de violência começa como uma modalidade habitual da vida familiar (25) e depois é exportado para o comportamento social do adolescente. Mas também pode ser indício de uma condição de fragilidade e testemunha de um sofrimento psicológico resultante de uma real doença psiquiátrica ou de uma situação sociofamiliar instável. Contrariando todas as expectativas, a eclosão brutal de um ato violento no adolescente pode assim traduzir um episódio depressivo: os psiquiatras de adolescentes conhecem bem essas "depressões hostis" que afetam adolescentes cujo comportamento até então não parecia pressagiar atos violentos. Em outros casos, a violência adolescente está ligada à condição de membro de um grupo dominado por um "chefe" um pouco mais velho e é historicamente parte dos rituais identitários desse grupo (26). Conhece-se bem em nossos dias, a partir do famoso estudo de Dunning sobre os torcedores fanáticos ingleses, que a violência está na origem da formação de certos grupos e que por isso é fator de identidade (27). Há o risco de essa violência tão perceptível na adolescência, e que em geral se atenua com o tempo, não poder desaparecer porque resume tudo o que o grupo a que o adolescente pertence tem a oferecer.

Por último, é preciso esclarecer que, habitualmente, o agressor não avalia claramente a gravidade de seu ato e o assimila a uma espécie de redistribuição da riqueza. Esses "nostálgicos" de Karl Marx e Friedrich Engels "tomarão de empréstimo" um CD ao camarada capitalista burguês sem ter consciência da violência de seu ato, nem de seu caráter fraudulento, nem do verdadeiro pensamento socialista. Alguns até dizem para quem quiser ouvir que, sendo menores de idade, eles gozam de uma quase impunidade e que saberão parar quando chegarem à idade de ser condenados (21). Evidentemente, os pais não têm de concordar com esse ponto de vista eminentemente discutível.

Para saber mais sobre o tema

Violência-agressão ou violência-punição? (25)

O modo como a violência normal da adolescência desaparece sob o efeito das modalidades de contenção sociais e familiares é uma complexa questão cujas respostas ultrapassam em muito o alcance desta obra. Vou me contentar aqui em descrever como um sistema relacional permite a instalação e a manutenção da violência entre dois indivíduos em função da natureza das relações que ligam quem pratica e quem sofre a violência (25).

Dessa perspectiva, é preciso considerar duas modalidades relacionais. A primeira implica um sistema complementar enrijecido em torno da idéia de punição, de sevícias, de torturas, de negligência ou de descuido. Tudo se passa como se um dos parceiros reivindicasse uma condição superior ao outro e desse a si mesmo o direito de infligir sofrimento, muitas vezes com crueldade, àquele que é por ele colocado por definição numa condição inferior a sua. O parceiro que está na posição inferior nessa relação pensa, na maioria das vezes, que merece a punição e, por esse motivo, a recebe sem revolta, com um sentimento de indignidade e de justo castigo. As jovens vítimas em geral se fecham em si mesmas; seu psiquismo é em geral gravemente afetado por essas práticas repetidas, não apenas porque lhes é recusado o direito de viver fora da situação de maus-tratos, mas porque vivem esses maus-tratos como uma punição justificada. Seu futuro relacional é ainda mais sombrio porque habitualmente não há um real arrependimento nem sentimento de culpa naqueles que praticam a violência. É essa modalidade relacional que recebe o nome de "violência-punição", para marcar com clareza o caráter complementar das posições de superioridade e inferioridade ocupadas pelos dois protagonistas. (Ver também "Quando uma relação complementar fica patológica", p. 32).

Ao contrário da violência-punição, a "violência-agressão" supõe uma modalidade simétrica de relação em que os dois protagonistas reivindicam uma posição igualitária. Nessa relação, A e B vivem em rivalidade e há um aumento das hostilidades e de sua intensidade. Se A define um valor, B define por sua vez um contra-valor, o que vai levar A a provocar, fazendo assim que B... Nossos dois parceiros, A e B no caso, agem como se tivessem o mesmo estatuto e fazem esforços desmesurados para manter a igualdade (a simetria) entre si. Desse modo, para deter a escalada de hostilidades, é preciso que um dos protagonistas se coloque numa posição complementar baixa que significa "desculpe-me; eu talvez tenha me deixado levar". Esse tipo de reação, que exige, à falta de uma personalidade bem afirmada, uma grande abnegação, é por outro lado chamada "pausa complementar". Todos nós já fizemos em algum momento da vida esse tipo de pausa, sem o saber, seja quando, crianças, brandimos o "vou contar para papai" ou quando, mais tarde, um grupo de amigos se envolveu numa animada discussão que por pouco não virava um combate do campeonato mundial de boxe.

6
Ela está apaixonada

Um dia em que devia ter seus 17-18 anos, ela veio procurar você para dizer que estava apaixonada pelo homem de sua vida. Tomando brutalmente consciência de que aquela já não era sua filhinha, mas uma mulher, você não conseguiu ficar imediatamente feliz, porque havia coisas demais se misturando em sua cabeça. Você se viu brutalmente projetada no tempo, vendo-se diante de seu próprio envelhecimento, voltando à época em que a levava nos braços ao sair da maternidade. O tempo passou, e é ela quem lhe indica a plena medida disso: hoje ela se apaixona, amanhã sem dúvida vai viver com ele e depois de amanhã poderá ter um filho que fará de você uma avó ou um avô.

Instantes depois, você se recuperou. Você sorriu de felicidade, o que não impediu de perguntar se o homem que a ia tirar de você era um homem de bem. E então voltou a se preocupar, por causa da Aids ou de uma gravidez prematura, e se perguntou que resposta daria quando ela lhe pedisse se podia dormir com ele sob o seu teto. Tudo isso fizeram você voltar à época em que ela criança e você lia muitos livros para poder responder a seus "porquês" e "comos". Então você disse a si mesma que, definitivamente, os filhos existem para fazer pergunta, e os pais para responder a elas.

Os adolescentes costumam saber a diferença entre amor e sexualidade

Os sentimentos que levam ao ato sexual são diferentes nos meninos e meninas. Enquanto 60% das meninas fazem sexo por amor, o sentimento amoroso motiva ao sexo apenas 38% dos meninos. Quase a metade deles confessa na verdade que praticam sexo por atração física ou desejo sexual (4). Ainda assim, seja qual for o sexo, a maioria dos adolescentes costuma saber a diferença entre amor e sexo e são capazes de dizer que um não existe sem o outro. Infelizmente, para um pequeno número eles, a confusão entre amor e sexo parece hoje maior do que nunca. Favorecidos pela liberalização dos costumes, a pressão socioeconômica e a onipresença dos meios de comunicação de massas, as imagens da sexualidade transmitidas por vezes afetam negativamente a necessidade de tempo que a criança tem para elaborar suas fantasias e organizar suas escolhas amorosas, e vêm alimentar a idéia ainda muito confusa que ela tem dos sentimentos amorosos.

Houve de fato uma época em que as crianças em período de latência faziam poucas perguntas sobre o amor e ainda menos sobre a sexualidade. Talvez porque não havia permissividade parental ou porque as crianças da época, obedecendo ao doutor Freud, tinham aceito a idéia de que, nessa etapa de seu desenvolvimento, deveriam manter em segundo plano suas pulsões sexuais e dedicar sua energia à aprendizagem. O famoso conceito de sublimação levava ao pudor... Ainda existem hoje crianças que parecem sempre obedecer a ele e aproveitar essa época para ponderar e estabelecer fronteiras entre sexo e sentimento amoroso. Outras, menos protegidas e sujeitas a imagens, palavras e comportamentos que não fazem parte de seu referencial de pensamento, constituem para si mesmas uma realidade particular sobre o amor e as relações sexuais. Ouvimos assim, da boca de jovens, reflexões do tipo: "No começo, as meninas nunca querem, mas basta forçar um pouco que elas aceitam" ou então "Todas elas gostam de sexo, mesmo que no começo não queiram ir para a cama. As meninas são assim..."

Mesmo que só se possa desconfiar desses relatos, o deus Dinheiro ainda assim parece ser para muitos o responsável por essa confusão. Ao tomar conta de nossas crianças e de nossos adolescentes, ele se apossa também de seu mundo mágico, que é transformado num supermercado. Criou produtos de beleza, lingeries (uma professora da escola maternal me contou ter visto uma menininha de 5 anos usando uma sensual calcinha fio dental!) e discotecas para criancinhas, e sem dúvida vai um dia criar fraldas sexy! Uma época em que a sexualidade se exibe num ultrajante culto do corpo e da sedução sistemática e mecanizada, nem podemos imaginar como alguns adolescentes evitariam a confusão entre o amor, a sexualidade, o erotismo e a pornografia: para eles, esses conceitos ou não fazem sentido ou são parte da mesma nebulosa.

Ninguém é obrigado a dizer sim a tudo

Nosso sistema educacional foi inteiramente modificado no curso de três gerações e principalmente nos últimos 40 anos (28). Se permanecem firmes as continuidades educativas entre duas gerações sucessivas, em contrapartida, elas desapareceram entre a primeira e a terceira. Isso equivale a dizer que o estilo de educação adotado pela última geração se correlaciona com o estilo de educação recebido dos pais, mas não com o estilo de educação que os pais receberam de seus próprios pais, isto é, os avós da atual geração: a transmissão de valores educativos tende assim a se diluir na terceira geração. Talvez, diriam vocês, sempre tenha sido assim, e é verdade que o hiato entre as gerações sempre existiu, mas tenho a impressão de que se tratava antes de reações de oposição entre gerações do que da aceleração do tempo cultural.

Diante de uma realidade que se transforma com rapidez cada vez maior, na qual a imposição do consumo é onipresente, você, na qualidade de pai/mãe, não é obrigado a dizer sim a tudo. Claro que é difícil resistir a essa "invasão bárbara" e se você for daqueles que acham que é preciso "dar tempo ao tempo", e que uma criança, mesmo na adolescência, não deve forçosamente ser violentado por noções que ele não tem condições de entender, é preciso então combinar certo rigor educativo e uma relativa flexibilidade para que sua família permaneça conectada com o mundo em que seu filho deve viver. Alguns de vocês certamente vão considerar essa proposta ultrapassada, e até reacionária. Creio, no entanto, que as fronteiras da adaptabilidade, nossa e de nossos filhos, não podem se ampliar sem parar e que se não reagirmos correremos o risco de fabricar, a cada geração, "mutantes" cujos parâmetros relacionais estarão cada vez mais afastados dos de seus pais. Seja como for, se essa atitude arcaica é mal vivida por seu adolescente, ela vai ter ao menos o mérito de mostrar a ele que você existe e que não está de acordo com tudo o que essa sociedade propõe. Talvez você o ajude a desenvolver seu próprio espírito crítico...

Quando e como falar de sexo?

Antes de abordar a questão da sexualidade dos adolescentes, desejo fazer uma pequena retrospectiva. Lembrem-se... Aos 3 anos de idade, de modo mais ou menos explícito, as perguntas começaram a jorrar: "Por que as meninas fazem xixi sentadas? Por que o papai tem um pipi grande e eu não?" Lidar com seu próprio incômodo e responder da maneira mais simples do mundo, considerando a idade de seu pequeno, foi fácil na época. Talvez tenha sido o próprio mal-estar dos pais, sentido pelo seu filho, que o levou a não fazer perguntas demais a você. Ela também fez algumas perguntas sobre os seios, a menstruação e como é que se fazem bebês, e depois, um dia, nada mais, um completo silêncio.

Quando se é adolescente, não se pode ficar perguntando aos pais o tempo inteiro sobre sexualidade. Quanto a falar da própria sexualidade, pesquisas mostram que apenas 16% dos meninos e 26% das meninas contam aos pais quando praticam sexo pela primeira vez (4). Em outras palavras, o "jardim secreto" é claramente protegido. As motivações dessa privatização são complexas e decorrem de um duplo incômodo, o dos pais e o do próprio adolescente. Os pais podem ficar mais ou menos desamparados diante de um corpo que não reconhecem mais e do qual vão fugir evitando todas as questões a seu respeito, ou sobre a sexualidade; o adolescente pode, apesar de si mesmo, ter vergonha de fantasias que envolvem de algum modo sua família ou se sentir culpado por ter prazer ao imaginar cenas que remetem a lembranças sensuais de sua infância ou ao ser invadido por pulsões violentas ou homossexuais (4).

Mas a privatização da sexualidade na adolescência, embora se explique pelo retorno de afetos que ligam o adolescente à sua família, também está ligada hoje à pressão cultural que varia de acordo com a época e o lugar. Assim, numa dada época "em que quem está abaixo dos 40 anos não pode ter conhecido", o medo da gravidez e da vergonha podia invadir, em níveis e graus diferentes, os pensamentos da jovenzinha e do jovenzinho quando de seus encontros amorosos. Você pode imaginar muito bem o grau de inibição possível na primeira relação sexual... Veio mais tarde o medo das doenças sexualmente transmissíveis e de não ser normal. A sífilis foi rapidamente associada à penicilina; a Aids, ao preservativo e à triterapia; as normas, à inferioridade e à humilhação. E finalmente chegamos ao presente: diante das imagens e da industrialização da sexualidade, os meninos logo passaram a se perguntar se teriam o mesmo sucesso que os personagens do filme que viram na semana passada ou se o tamanho de seu pênis não seria ridículo. As meninas, por sua vez, passaram e se perguntar sobre como reagir às exigências sexuais dos meninos, sobre o tamanho dos seios, sobre as nádegas, sobre se é ou não normal aceitar a sodomia ou não ter prazer particular com a prática da felação (29). Essa necessidade de se adaptar às imagens que os meios de comunicação transmitem, essa angustiante necessidade de ser normal, essa necessidade de afirmar que se sabe praticar o sexo – essas coisas de forma alguma favorecem a comunicação sobre a sexualidade, depois dos atos, com os pais.

Pílula, preservativos e doenças sexualmente transmissíveis

Na França, as diferentes estatísticas falam de 10.000 casos de gravidez adolescente que ocorrem antes dos 18 anos[1]. Desses 10.000 casos, 9.000 acabam com a interrupção voluntária da gravidez e 1.000 em nascimentos, muitas vezes criados pelos avôs, com os possíveis riscos de confusão geracional (30). De minha parte, lembro-me de ter atendido a uma adolescente de 12 anos que estava bastante agitada. Ela havia sido criada pela avó e pela mãe que, quando ela nasceu, contava 13 anos de idade. Ela aprendera a chamar a avó de mãe e a tratar a mãe, que a avó dissera ser sua irmã mais velha, pelo nome. Para completar a confusão, ela fora criada pela avó como se fosse filha desta, que sempre desejara ter duas filhas em casa e seu marido, que falecera prematuramente, só tivera tempo de "lhe fazer uma", a mãe adolescente.

Hoje, os vários estudos concordam num ponto: a pílula anticoncepcional é usada cada vez menos pelas adolescentes. Talvez essa seja uma maneira mais ou menos consciente de impor a si mesmas o uso do preservativo e garantir assim também a proteção contra a Aids. Um pouco como se a psique adolescente dissesse "Ao não tomar a pílula, sei que o risco é duplo, tanto posso ser infectada pelo vírus como

---

1. No Brasil, estima-se que, entre 1998 e 2002, ocorreram 27 mil partos por ano, só nas maternidades do Sistema Único de Saúde (SUS), de mães com menos de 14 anos. Quanto aos abortos, proibidos no Brasil exceto em casos específicos, estima-se que 50% dos abortos são realizados por adolescentes de 10 a 19 anos (N.T.).

ficar grávida, o que seria de fato uma verdadeira catástrofe. Mas se não tomo a pílula, ele vai se sentir obrigado a usar preservativo, e vai nos proteger assim dos dois riscos. Além disso, é mais fácil romper o encanto da espontaneidade amorosa destacando o medo da gravidez do que acusando explicitamente o outro de estar infectado. Fico mais à vontade em dizer a ele que use o preservativo porque não uso pílula e tenho medo de ficar grávida do que em dizer que uso pílula e ele deve pôr o preservativo só por causa da Aids".

A Aids tornou as coisas difíceis para os adolescentes. Mais do que qualquer outra doença sexualmente transmissível, ela instrumentalizou, por meio do uso do preservativo, um ato que, sobretudo no mundo do adolescente, deveria ser espontâneo e confiante. E sobretudo introduziu a idéia de morte no amor e colocou na confiança no outro o peso de sua própria vida. Mesmo que hoje quase todos os adolescentes conheçam os riscos que correm, esse medo pode desaparecer na espontaneidade do momento. Que solução dar aos adolescentes para que o ato amoroso seja tudo menos mecânico e objeto de reflexão?

Mal de amor

Também aos 15 anos sua filha se apaixonou, mas não da maneira como isso ocorre hoje. Na verdade, há uns dois anos ela se apaixonou pela primeira vez por um menino e viveu seu primeiro encantamento amoroso. De repente, ela começou a vibrar por alguém que se tornou brutalmente tudo para ela. Não foi fácil fazer o pai dela aceitar que também sua filha podia se apaixonar por alguém que não fosse seu papaizinho querido. Sua vida amorosa passou rapidamente por todas as etapas afetivas e sexuais, do encontro aos beijos e carícias, mas você nunca soube de fato se ela teve relações sexuais.

Sempre buscando respostas para suas dúvidas, você leu que em geral os adolescentes, e principalmente as adolescentes, são mais fieis do que os adultos e que mesmo que essa fidelidade dure somente algumas semanas ou meses, a relação é exclusiva, porque as meninas têm uma imagem idealizada do amor. Seja como for, com sua filha a relação durou várias semanas. Depois, num dia qualquer, simplesmente acabou. Ela ficou triste e, sem conflito e sem questionamentos intempestivos, vocês puderam conversar. E algo então ocorreu na sua relação com ela. Claro que você sempre foi a mãe dela, mas com uma cumplicidade diferente, talvez aquela que ocorre entre duas mulheres. Pode ser que, a partir disso, depois da ruptura, sua filha não se lançou de corpo e alma numa nova ligação. Você também sabia, com certeza por também ter lido, que certas adolescentes se entregam ao primeiro que aparece para compensar uma vida afetiva e intelectual familiar pobre. Com esses comportamento, elas parecem dizer: "Preciso existir; por isso, me entrego ao primeiro que for carinhoso comigo e que me reconheça como pessoa, mesmo que seja por causa do sexo e mesmo que depois me deixe". Essa atitude costuma ser tomada por jovens que sentem falta de reconhecimento, de comunicação e de ligação e que perderam toda a auto-estima, se é que chegaram a ter alguma.

Ela dormiu com um menino

No caso de sua filha, nada disso aconteceu e, hoje, aos 17 anos, ela então anuncia que desta vez está de fato apaixonada pelo homem de sua vida e que teve relações com ele.

Há mais de vinte anos a média de idade da primeira relação sexual permanece estável, e fica por volta dos 17 anos, tanto para rapazes como para moças. De modo geral, os adolescentes não falam de suas primeiras relações, mas as adolescentes ainda chegam a contar à mãe. Certo é que nem os pais nem as mães devem colocar o filho contra a parede para descobri-lo. O melhor a fazer é falar: "Você não tem obrigação de me perguntar ou me dizer coisa alguma, pois a vida é sua, mas há problemas importantes como as doenças sexualmente transmissíveis e a Aids, e se você precisar de informações, pode, se quiser, falar conosco sobre isso, ou, se preferir, com o pessoal do planejamento familiar, com um ginecologista que não o da sua mãe, com um clínico geral que não o da família, com uma enfermeira... Nós, como pais, juramos deixar você com seus segredos e não perguntar coisa alguma". É preciso saber, em algumas ocasiões, sair de mansinho.

Para saber mais sobre o tema

As perguntas embaraçosas que os adolescentes podem fazer a si mesmos

De modo geral, os adolescentes não fazem perguntas aos pais, preferindo dirigir-se a educadores, médicos, psicólogos etc. Assim, em princípio, você não terá de responder a perguntas mais ou menos embaraçosas. Mas talvez possa deixar este livro num lugar estratégico freqüentado por seu adolescente.

Entre as questões embaraçosas, as moças podem se perguntar se a primeira relação é dolorosa e se vão ou não ter orgasmo. É preciso dizer antes de tudo que não devem preocupar-se se sangrar um pouco, porque dependendo da abertura vaginal, o órgão de seu companheiro pode romper o hímen, mas isso não é uma coisa grave nem ocorre necessariamente. Além disso, a primeira ou as primeiras relações podem ser dolorosas, a depender de uma multiplicidade de fatores: fatores anatômicos, a experiência do parceiro, o estado de tensão psicológica durante a relação etc. Quanto ao orgasmo, ele de modo algum é uma obrigação no começo da vida sexual, e o prazer obtido depende em parte da maneira como a adolescente encarou a relação sexual, com destaque para um sentimento de amor ou um sentimento de culpa.

No caso dos rapazes, se o tamanho o pênis não tem forçosamente grande importância, a menos que desejem se dedicar a uma carreira cinematográfica especializada, pode haver certa inquietação com a possibilidade de, na primeira vez, as coisas não se passarem como no DVD assistido no sábado. Quanto maior o grau de expectativa com relação a si mesmo, maior o medo de decepcionar; quanto maior a inexperiência da parceira, maior o risco de não dar certo. No plano fisiológico, é preciso saber que quanto maior a dúvida e a ansiedade presentes, menor a irrigação do pênis e maior a dificuldade da ereção (31). Por outro lado, a penetração pode não ocorrer com tanta facilidade e o rapaz ficar perturbado pela impressão de fazer mal à sua amiga; mesmo que seu grau de excitação seja grande mas não exagerado, a ejaculação pode ocorrer antes de ele dizer "sim", o que é sem dúvida um modo de dizer mas não de ter relação.

Esclareço tudo isso, meus caros adolescentes, para desanuviar a atmosfera, como vocês entenderam muito bem! Uma coisa é clara: se o rapaz está apaixonado por uma moça que também está apaixonada por ele, e se além disso a primeira relação dos dois for um com o outro, é bem provável que não dê certo. É preferível pensar assim da primeira vez, é melhor encarar a experiência com bom humor; na vez seguinte, com a ajuda do amor, tudo vai ser bem melhor.

7
Quando o corpo fala

Sua filha crescida está sempre no banheiro. Você fica se perguntando o que será que ela faz lá, pois não tem a impressão de que passe esse tempo todo tomando banho. Quando sai, ela vem lhe dizer: "Olha como estou gorda e feia!". Embora você insista que isso não é verdade, não adianta nada e ela logo começa uma dieta que a deixa perto da anorexia, o que acaba deixando você angustiada; sentindo sua angústia, ela redobra os esforços em sua dieta draconiana, pois você não vai achar que ela iria perder essa bela oportunidade de provocar você e acertar as contas com você! Seu filho, por sua vez, segue mais a tendência homem das cavernas, e você se pergunta, com certo grau de desgosto e algum espanto, como ele faz para suportar aquele odor. Mas você sente que ele está tão infeliz por ter de assumir aquele corpo, tão novo para ele, que acaba não fazendo comentários. Seja como for, os amiguinhos atentos farão esses comentários por você: "Sai daqui; você está com um cheiro horrível!"

Ele cheira mal

Como acabo de dizer, esse é principalmente um problema dos rapazes, que não colocam necessariamente a higiene no centro de suas preocupações. As moças cuidam principalmente da aparência, e se for impossível lavar um corpo que não querem ver nem tocar, elas contornam a dificuldade maquiando-o e perfumando-o, a fim de ocultar seu desagrado com ele e seu odor. Por vezes, elas também lavam e perfumam esse corpo exageradamente, e tanto mais porque ele desperta nelas medo e desgosto, a fim de se esquecer dele sob o gel de perfume doce e as águas de colônia de odor mais forte que encontram.

Mas voltemos a seu filho crescido. Mais perto da "natureza" e menos dissimulador, ele vai dizer que você não tem mais nada a fazer no banheiro quando ele está lá, e isso, você há de reconhecer, é perfeitamente legítimo. A menos que você instale câmeras, algo que desaconselho enfaticamente, você só vai ter menos seu olfato para avaliar a freqüência e a importância desses banhos-ducha. Mas preste muita atenção para não cair rapidamente num erro de avaliação – e os professores vão confirmar que as secreções de um adolescente do sexo masculino estão nesse período em plena produção, o que dificulta distinguir entre má higiene e excesso de produção glandular. Assim, por ora, seja pragmática e tente suportar a violência imposta à sua mucosa olfativa. Ainda assim, peça a ele que deixe a roupa de baixo suja para lavar pelo menos uma vez por semana. Agindo dessa maneira, você alcança um duplo objetivo: respeita a intimidade dele ao não ficar "caçando" roupa suja no quarto dele e alivia o sofrimento de suas próprias glândulas olfativas. Quanto ao mais, enquanto o serviço de limpeza pública não ligar para você reclamando de seu filho, a esperança é a última que morre...

Ela se acha gorda e feia

Quase a metade das adolescentes dizem ter medo de engordar e 15% das meninas de menos de 15 anos seguem uma dieta para emagrecer, 5% delas usando remédios (4). Que dizer diante desse quadro, exceto que os pais se deparam com um dilema insolúvel? De fato, ao mesmo tempo em que a adolescência é um período intenso de perturbação corporal em que as necessidades de energia aumentam, a obsessão de grande número de adolescentes é precisamente se impedir de comer para conformar-se aos atuais cânones da beleza. Percebemos como essas adolescentes e suas famílias terão dificuldades para navegar entre os impostos indispensáveis que a biologia do corpo cobra e as exigências de uma psique carente de normas e de reconhecimento social. Trata-se de algo ainda mais difícil porque a imagem de um adolescente e de seu corpo não tem uma objetividade a toda prova, como o comprova a experiência descrita a seguir.

Tomemos 3 grupos de adolescentes: temos os magros (grupo A, 5% dos sujeitos de pesquisa), os "normais" (grupo B, 90% dos sujeitos de pesquisa), e, por fim, os que estão acima ou bem acima do peso (grupo C, 5% dos sujeitos de pesquisa). As meninas magras se declaram em geral satisfeitas, ainda que 40% se percebam um pouco magras, o que é bastante excepcional vindo de uma menina real para ser mencionado. No grupo das "meninas normais", a maioria está satisfeita, mas 19% por certo ainda assim se consideram muito gordas. Quanto às meninas acima ou bem acima do peso, só 25% estão satisfeitas, 84% querem emagrecer e mais de 50% realizam seu desejo lutando cotidianamente para manter um peso ideal, inclusive, no caso de 15%, usando medicamentos.

Se o peso de sua adolescente é normal, mas ela faz parte dos 19% das "meninas normais" que se julgam muito gordas, é preciso tentar explicar a ela que pode ocorrer um aumento de peso passageiro devido ao crescimento e que, se quiser, ela pode falar com um médico ou uma nutricionista. Esses dois profissionais, além de suas competências específicas, vão ter sem dúvida sobre sua filha um poder de persuasão maior que o seu, porque são especialistas, mas principalmente porque não são os pais dela. (Ver também "Ele ficou paranóico?", p. 24).

A cirurgia estética

Dizer a um adolescente que se julga feio que ele está exagerando e que isso não é verdade é um bom começo, porém não basta. Nesse gênero de coisas, os pais têm apenas uma pequena força de persuasão, talvez inversa ao efeito desejado, com relação a um adulto de fora da família, uma amiguinha, uma avó adorada ou um profissional. Vocês sabem tanto quanto eu que basta que os pais digam "branco" para o adolescente dizer "preto", mesmo que ele pense que é "branco".

Porém também ocorre de, apesar dos esforços de todo mundo, o adolescente não escute e fique dia e noite concentrado em uma parte de seu corpo que ele detesta em especial sem que haja um motivo objetivo. Fala-se então de dismorfofobia, uma fobia que parece concentrar toda a angústia existencial sentida numa dada parte do corpo e que, em casos mais extremos, pode prejudicar toda a vida social do adolescente, provocando de modo particular a recusa em ir à escola e um isolamento mais ou menos completo (mas atenção: o inverso não é verdadeiro, e a recusa a ir à escola nem sempre é conseqüência da dismorfofobia, podendo vir de outros mecanismos psicológicos, que por outro lado não são necessariamente patológicos. Para mais explicações, ver "Ele se recusa a ir à escola", p. 59). De modo geral, a dismorfofobia na adolescência tem relação com órgãos envolvidos na puberdade (nádegas, coxas, seios, pênis, acne) e leva a uma solicitação de cirurgia estética. Para os pais, esse pedido pode parecer mais compreensível quando incide sobre um elemento do corpo particularmente desarmônico. Há de fato claras situações que podem envolver um real sofrimento: orelhas exageradamente grandes, nariz pontudo, seios grandes demais que afetam negativamente as vértebras. Inversamente, seios pequenos demais em relação aos de mamãe ou nádegas um pouco baixas demais exigem mais reflexão, e a decisão cirúrgica deve ser bem pesada, inclusive recorrendo a serviços especializados de psicologia. De um lado porque uma intervenção cirúrgica que não tem justificação objetiva pode ser o começo de uma longa serie de operações visando alcançar uma imagem de si utópica e, portanto impossível de alcançar, mas nem por isso incansavelmente procurada. Do outro, porque o olhar negativo que o adolescente lança sobre seu corpo é, algumas vezes, resultado de um duplo movimento: o de uma identidade corporal ainda vacilante, mas também o das projeções parentais. De fato, assim como certos pais têm preferência por uma dada profissão para os filhos, eles também podem desejar, através dos filhos, por procuração, dar a si mesmos um corpo ideal que nunca tiveram. Isso não quer dizer que cheguem a obrigar o filho a se operar, mas que, diante de um adolescente pouco afirmado e que não gosta de seu próprio corpo, é particularmente forte o risco inconsciente de projeções dos pais. Queiramos ou não, influenciamos de uma ou de outra maneira o comportamento de nossos filhos. No caso específico em que a dismorfofobia de um adolescente envolve a família, o tratamento passa antes pelo consultório de um psiquiatra especializado na abordagem familiar do que pelos cirurgiões. Por isso, é importante uma séria consulta psiquiátrica antes do bisturi.

Anorexia (32)

A anorexia é uma doença comum em países desenvolvidos. O erro consiste em confundir anorexia com a restrição alimentar, tão banal nos países de consumo calórico excessivo, porque não há as mesmas sanções terapêuticas nem o mesmo prognóstico conforme de trate de uma ou da outra.

Quando uma menina apresenta um comportamento de restrição alimentar, é legitimo que os pais não possam deixar de pensar num possível começo de anorexia. É verdade que uma anorexia tem início, de modo geral, com uma dieta que nunca acaba, mas, ao contrário de alguém em simples restrição alimentar, uma anoréxica, de um lado, nunca se queixa de ter uma sensação de fome e, do outro, apresenta uma total e evidente ausência de prazer em comer.

Uma adolescente anoréxica pode esconder sua magreza sob um pulôver, mas também com resultados escolares brilhantes, o que talvez explique por que certos pais só vão ao médico quando a coisa está avançada, convencidos de que uma adolescente tão talentosa não pode estar tão insatisfeita consigo mesma. Essa negação pode ainda, indireta e inconscientemente, ser reforçada se as atuais normas sociais de emagrecimento forem, por outro lado, seguidas por pais que tendem ao ascetismo.

Em termos psicológicos, distinguem-se duas formas essenciais de anorexia: uma tem como alvo emagrecer, e a outra visa à própria recusa de alimentos. No primeiro caso, é como se a jovem adolescente não desejasse nem um pouco ter um corpo feminino. Não se sabe ao certo se é a feminilidade enquanto tal que é rejeitada, ou a idéia a ela associada de gravidez; na maioria dos casos, a resposta está a meio caminho entre as duas possibilidades. O segundo tipo de anorexia resulta do modo como a adolescente encara a alimentação, vendo nela alguma espécie de veneno mortal a ser evitado custe o que custar, e o meio de alcançar esse fim é não comer. Esclareço que só excepcionalmente esses motivos vão chegar ao seu conhecimento, porque os mecanismos que estão na origem de uma anorexia nervosa se acham profundamente ocultos no inconsciente. Por isso, se a preservação vital do corpo pode passar por uma hospitalização e, por vezes, pela alimentação parenteral, pode contudo não haver cura da anorexia nervosa sem um trabalho psicoterapêutico que pode incluir a família. Desse modo, as formas benignas do problema são felizmente majoritárias, e apenas 20% das anorexias envolvem recaídas durante vários anos.

Bulimia

A anorexia pode ainda associar-se à bulimia, e até desaparecer atrás desta síndrome. A forma anorexia-bulimia é um distúrbio alimentar grave, que pode começar por volta dos 15-16 anos. De modo geral, a crise de bulimia vem quando todos dormem. A adolescente – em 7 dentre 10 casos é uma menina – esvazia a geladeira, alimentando-se até vomitar, comendo tudo o que estiver ao seu alcance, mas de preferência alimentos gordurosos. Uma única crise pode adicionar mais de 10.000 calorias e associar alimentos tão diferentes quanto duas baguetes, um pacote de manteiga, uma porção de arroz, um vidro de maionese, duas barras de chocolate e um pacote de macarrão. Na maioria das vezes, o adolescente tem a sensação de total perda de controle de seu comportamento alimentar durante a crise de bulimia. Pode, por exemplo, não poder parar de comer nem poder escolher os alimentos que consome e as quantidades que ingere. Na quase totalidade dos casos, as crises acontecem fora do olhar dos outros, o que explica porque as pessoas que cercam a adolescente nem sempre se dão conta do problema.

Em casos mais graves, a anoréxica-bulímica provoca o vômito, com as conseqüências somáticas conhecidas: perda de sais minerais, lesões do esôfago, dilatação do estômago, insuficiência renal. Pode também fazer uso abusivo de laxantes e diuréticos ou de lavagens. Há ainda outro tipo de bulimia que não envolve vômitos nem purgativos, mas comportamentos como o jejum ou exercícios físicos excessivos.

Que fazer em caso de anorexia-bulimia?

A comunicação parental tem suas limitações e, com esse tipo de problema, falar não é suficiente. É imperativo que os pais recorram a especialistas, seja consultando diretamente um pediatra ou pedopsiquiatra ou através de indicação do médico da família. Mas o papel dos pais evidentemente não se limita a isso. Pelo contrário! Há duas questões importantes com relação à ajuda que você pode dar a seu filho que merecem particular ênfase.

• A primeira é a necessidade de estabelecer um diálogo com o filho assim que começarem a pensar que ele apresenta um problema de comportamento alimentar. Conhecem-se duas atitudes a evitar diante dessa doença: agir como se não fosse nada e, no outro extremo, dramatizar as coisas como se toda restrição alimentar fosse causada por uma anorexia nervosa, o que levaria a proteger seu filho de modo exagerado, cedendo a todas as suas "chantagens" com respeito à alimentação. O diálogo que os pais devem instaurar tem um objetivo totalmente diferente, o de falar das dificuldades sem frieza e sem paixão e, se possível, levar seu adolescente a solicitar ele mesmo uma consulta.

• Outro ponto importante para os pais é se convencer a si próprios, mesmo sendo difícil, de que não são a causa do problema, mas os atores indispensáveis para a evolução e cura da doença. Concordo que eles se sintam responsáveis, mas pelo futuro de sua filha, e não por aquilo que aconteceu com ela. De fato, não se provou até o momento a responsabilidade comunicacional dos pais por uma verdadeira anorexia nervosa. Em contrapartida, é inegável que uma verdadeira mobilização parental quanto ao processo terapêutico tende a melhorar o resultado dos diferentes tratamentos.

Para saber mais sobre o tema

Os critérios diagnósticos da anorexia nervosa

De acordo com os critérios do DSM-IV (Manual de Diagnóstico e Estatística das Perturbações Mentais – Versão IV), da American Psychiatric Association (Associação Psiquiátrica Norte-Americana (33) o diagnóstico de anorexia nervosa se baseia em quatro critérios essenciais:

1) Recusa em manter o peso corporal em um nível igual ou acima do mínimo normal adequado à idade e à altura (por exemplo, perda de peso que leve à manutenção do peso corporal abaixo de 85% do esperado ou fracasso em obter o ganho de peso esperado durante o período de crescimento, levando a um peso corporal inferior a 85% do peso esperado).

2) Medo intenso de ganhar peso ou ficar gordo mesmo com o peso abaixo do normal.

3) Alteração no modo de vivenciar o peso ou a forma do corpo; influência excessiva do peso ou da forma do corpo sobre a auto-estima, ou negação da gravidade do baixo peso corporal atual.

4) Nas mulheres pós-menarca, amenorréia, isto é, ausência de pelo menos três ciclos menstruais consecutivos (considera-se que uma

mulher tem amenorréia se seus ciclos menstruais ocorrem apenas após a administração de hormônios, por exemplo, estrógenos).

Costumam-se distinguir os dois tipos clínicos de anorexia já mencionados neste capítulo:

- O tipo restritivo (*Restricting Type*): durante o episódio atual de anorexia nervosa, o sujeito não apresentou regularmente um comportamento de bulimia, nem recorreu à auto-indução de vômitos nem ao uso indevido de purgativos (isto é, laxantes, diuréticos ou lavagens).
- O tipo com crises de bulimia/vômitos ou abuso de purgativos (*Binge-Eating/Purging Type*): durante o episódio atual de anorexia nervosa, o sujeito apresentou regularmente crises de bulimia e/ou recorreu à auto-indução de vômito ou ao uso indevido de purgativos (isto é, laxantes, diuréticos ou lavagens).

8
Acho que ele está com um jeito deprimido

A metade dos jovens de 11-19 anos se queixa de cansaço, e todos os pais sabem que, para além dessa banalidade, esse sintoma de aparência física pode querer indicar várias coisas: do real cansaço de um corpo que não pára de se modificar à tristeza tão comum nessa época da vida. Todavia, esse sintoma sempre assusta, porque nele pode estar oculto o espectro da depressão e até do suicídio. Podemos tentar atenuar essas aflições parentais lembrando em primeiro lugar que, se 20 a 30% dos adolescentes apresentam em algum momento sinais de depressão, a verdadeira depressão, bem mais rara, atinge apenas de 5 a 10% (34) e, em seguida, esclarecendo que uma verdadeira depressão não é sinônimo de doença crônica: um bom número de crianças, inclusive adolescentes, assim como adultos, pode passar por um estado depressivo que não tem continuidade. É como se precisassem, durante um período particularmente traumático da vida, fazer uma pausa para então voltar com vigor renovado (36). Dito isso, os pais têm grande dificuldade de distinguir cansaço, tristeza, irritabilidade e depressão. Na linguagem adolescente, como de resto na linguagem corrente em geral, a palavra "cansaço" é polissêmica e "estou cansado" pode ser usado para descrever uma autêntica depressão psicológica ou uma corriqueira fadiga fisiológica, dois pólos que por outro lado costumam se interligar. Mais do que buscar uma causa única, seja ela física ou psíquica, é melhor, portanto, tentar primeiro determinar o que seu adolescente pretende dizer quando repete "estou cansado".

Há cansaço e cansaço

Há entre os adolescentes os ativistas, aqueles que deixam você cansada porque estão sempre em ação, no limite da hiperatividade. E há também aqueles que se arrastam, que vão de um cômodo para outro, abrem a geladeira para pegar alguma coisa de que nem se lembram mais, ficam uns minutos diante da TV mudando de canal, ficam andando ao seu redor repetindo "que chatice!" e depois voltam para o quarto e ligam o som. Estima-se que 27% das meninas e 13% dos meninos ficam entediados (35). Se é esse o caso de seu adolescente, proponha que faça alguma coisa, se você tiver vontade, mas saiba que, seja qual for sua proposta, ela vai ser recusada sem mais. Tudo o que poderia dar um novo sopro de vida a seu apático filho crescido é, na verdade, que Tiago ou Clarisse ligassem para propor um passeio ou então tirar seu telefone de circulação por tempo indeterminado.

Depois do tédio, passemos ao cansaço propriamente dito. Cerca de 40% dos adolescentes escolarizados reconhecem que, de vez em quando, ficam cansados, mas nessa idade é difícil identificar de que cansaço falam. Como distinguir entre "estou cansado" e "não suporto a vida", e entre "não consigo dormir direito", e "estou deprimido", entre o cansaço concreto que todo adolescente sente, e que tem um duplo componente, corporal e psíquico, e a fadiga mórbida que acompanha a depressão? O cansaço "natural", que vem depois de um esforço, seja mental ou físico, é uma espécie de sinal de alerta que o organismo envia para indicar que está chegando ao limite de suas possibilidades. Esse cansaço desaparece depois que se descansa, ao contrário do cansaço "psíquico", que não só não está ligado ao esforço, como não melhora depois que se descansa. Este último tende a se instalar, acompanhado de sintomas físicos bem variados: sensação de corpo pesado, dores no corpo, insônia e irritabilidade, sonolência diurna, cefaléias, redução do apetite etc.

Simples tristeza ou verdadeiro estado depressivo?

Em termos estritos, só se pode falar de estado depressivo se o adolescente apresentar durante pelo menos duas semanas e de modo contínuo um conjunto de sintomas como tristeza, perda de energia, redução da concentração, indecisão, perda de sono (ou, ao contrário, excesso de sono). Essa sintomatologia deve ser suficiente para causar um disfuncionamento escolar ou familiar. Se quisermos uma maior precisão e o problema for grave, examinemos os critérios diagnósticos estabelecidos pelo DSM-IV (33): segundo esse manual, que tem autoridade no mundo médico e psiquiátrico, é preciso, para invocar um estado de depressão maior, que o adolescente apresente ao menos, durante duas ou mais semanas, os dois sintomas a seguir: humor depressivo e perda de interesse ou de prazer. Quanto ao humor depressivo, é preciso que dure praticamente o dia inteiro e quase todos os dias; pode ser acompanhado de irritabilidade ou ser substituído por ela. Quanto ao segundo sintoma essencial, a redução do interesse ou do prazer, é preciso que atinja todas ou quase todas a atividades, quase o dia inteiro e todos os dias. Por outro lado, três dos sintomas a seguir devem estar presentes por ao menos duas semanas:

- Perda ou ganho significativo de peso sem dieta (na criança, considerar a ausência do ganho de peso esperado).
- Insônia ou excesso de sono quase todos os dias.
- Agitação ou dificuldades psicomotoras quase todos os dias.
- Fadiga ou perda de energia quase todos os dias.
- Sentimento de desvalorização ou de culpa excessivo ou impróprio.
- Redução da capacidade de pensar ou se concentrar.
- Vontade de morrer recorrente, idéias suicidas recorrentes.

Lendo essa relação, você sem dúvida percebe melhor que a tristeza não se confunde com a depressão mesmo que muitas vezes seja um componente dela. Todos têm, em algum momento, um dia de tristeza sem estar deprimido, e a presença desse sentimento deve evocar antes um ataque de desanimo do que uma verdadeira depressão. Mas nem por isso você deve deixar de manter certa vigilância, porque a tristeza, tão comum na adolescência, pode ser a porta de entrada de uma verdadeira depressão; logo, o melhor que você tem a fazer como genitor é acompanhar a evolução desse sentimento ficando justamente a meio caminho entre a angústia e a banalização. Nessa mesma ordem de idéias, saiba ainda que existem depressões mascaradas que não só não apresentam a tristeza como não se enquadram na descrição típica da depressão. Nelas, é comum que o adolescente apresente sintomas clínicos opostos aos esperados (ausência de tristeza, de inibição, de dificuldades de contato, ou de problemas do sono etc.). Num rapaz, esse estado depressivo poderá se manifestar, por exemplo, num fracasso escolar, comportamentos de risco e uma agressividade à flor da pele, com passagens a atos violentas (ver na p. 57 o conceito de depressão hostil no capítulo que fala de violência e ataques entre colegas). Nas moças, o quadro depressivo pode se ocultar sob queixas de problemas corporais e distúrbios alimentares que podem ser tomados, caso nos enganemos, com a anorexia nervosa. Mas se nos dermos ao trabalho de discutir com esses adolescentes "atípicos", veremos que sua depressão em geral não é tão mascarada, que está em plena atividade, mas que bom número de sintomas presentes nos critérios diagnósticos acima estão na verdade ocultos ou banalizados pelo adolescente.

Ela está uma pilha!

Presente ao episódio depressivo que você acaba de decifrar, a irritabilidade também se vincula ontologicamente, tal como a tristeza, à condição adolescente. Isso significa que, como a maioria dos pais, você vai ter de se acostumar com o batimento de portas e com as brigas sem sentido. Para tentar atenuar um pouco os sofrimentos que esse tipo de comportamento provoca em você, proponho-me a desmantelar o mecanismo dessa irritabilidade para que você consiga um mínimo de comunicação com seu adolescente com a síndrome do "choro sem motivo e dos ataques de raiva".

Imagine por um instante que nosso psiquismo é uma ampla fábrica de metabolização de informações recebidas todo o dia tanto de fora como de nosso íntimo. Se ocorre um evento interno ou externo estressante, a fábrica se adapta para tratar desse imprevisto da maneira que menos incomode nossa vida cotidiana. Trata-se da chamada adaptabilidade, que depende tanto de nossas próprias capacidades de gestão (a fábrica de metabolização de que falamos) como da ajuda que nosso círculo puder nos dar e, por fim, do grau de estresse que nos atingiu.

Quando a "fábrica" é eficiente e o círculo excepcional, e quando o destino até o momento poupou o adolescente, o processo dá certo, ou melhor, o adolescente atingido vai continuar tendo motivos para permanecer feliz. Tomo todas essas precauções oratórias porque, como todos sabemos, "motivos para permanecer feliz" é um conceito relativo e sugestivo e porque as pessoas mais felizes não são necessariamente as que têm mais motivos para permanecer felizes – e o inverso também é verdadeiro (37). No caso de outras, contudo, aqueles a quem a genética ou a história deram uma "fabriquinha" que funciona mal ou que não foram particularmente poupados pelo destino, as capacidades de metabolização dos movimentos psíquicos vão ficar abaixo da necessidade e eles vão correr o risco de ficar angustiados, agressivos e com oscilações de humor. A menos que essas pessoas, para não fechar de vez a fábrica, recorram a uma depressão que os afasta de tudo. De fato, na dinâmica psíquica comparamos muitas vezes a depressão com uma "pausa para acertar", uma espécie de ruptura com o mundo destinada a permitir que a pessoa se reconstrua ou, se preferirem, que ela amplie a capacidade de metabolização de movimentos psíquicos da "fábrica" (36).

Desse ponto de vista, um adolescente é alguém que não acabou de construir sua fábrica num período da vida em que tem especial necessidade dela, porque tudo se transforma nesse momento e ele não pára de ser submetido a uma grande série de agentes estressantes internos e externos. A capacidade de metabolização dos movimentos psíquicos que tem sua fábrica é rapidamente ultrapassada , deixando ou rejeitando algumas emoções não tratadas. Por isso ela fica uma pilha, por isso seu humor oscila com rapidez e ela chora por motivos que escapam a você. Mas não aconteceu de você mesma, no trabalho, sofrer uma pressão que a fez desabar e levou você um dia a querer mandar tudo se catar? Nunca ocorreu de você sentir isso na vida diária e dizer a si mesma: "Para o diabo com tudo isso!"? O que vem depois disso é a depressão: uma fábrica que sempre precisa absorver mais estresse do que pode fecha as portas para balanço e ampliação das instalações de produção. Em outras palavras, pode ser que seu adolescente, literalmente esgotado pelas cadências infernais de uma fábrica que já não consegue administrar se feche para o mundo numa depressão.

Por isso você tem de considerar as oscilações de humor não como estados de espírito de uma pessoa cheia de caprichos, mas como a expressão de uma psique que está sofrendo. Isso não quer dizer que se deva aceitar tudo sem mais. Você vai dizer: falar é fácil, mas como vou fazer isso na prática? Não zombar desses humores, nem usá-los para humilhar seu filho já é um bom começo. Além disso, em vez de morrer de exasperação sem reagir, é preferível dizer a ele, uma vez por mês, como esse comportamento a incomoda, mas também que você o respeita, pois sabe que é uma etapa na vida dele, que provavelmente não é nada e que vai passar.

Ele não consegue dormir

Embora as necessidades de sono variem de pessoa para pessoa, o período da adolescência é marcado globalmente por uma reviravolta afetiva e corporal que não facilita muito um "sono reparador". No começo da puberdade, a necessidade de sono é grande, e felizmente os adolescentes têm uma flexibilidade física suficientemente ampla para se recuperar dormindo bem um ou dois dias por semana. Essa flexibilidade lhes permite superar os desgastes fisiológicos impostos pelos ritmos escolares e aqueles que os próprios adolescentes impõem a si como as noites que passam acordados com os amigos, seus hábitos alimentares anárquicos, e até excitantes que tomam, paradoxalmente, "para se acalmar". As dificuldades passageiras para dormir e para acordar são extremamente comuns nesse período, e muitos adolescentes, com a complacência mais ou menos explícita dos pais, tentam de fato remediar rapidamente isso recorrendo sem critérios a uma "medicação" feita de cigarros, café, refrigerantes com cafeína, mas também a remédios que pegam na farmácia da família.

Julga-se que hoje cerca de 10% dos alunos do ensino médio usam soníferos para dormir (4). Se essa medicação não se justifica por uma patologia complicada, trata-se de 10% de desperdício, porque alguns medicamentos podem criar uma tolerância que transforma o dormir mal de um dia no mal dormir de sempre. E se se temos hoje 13% dos adolescentes com problemas crônicos de sono e 38% com problemas de sono ocasionais, seria lamentável que essa proporção se invertesse por causa do mau uso da automedicação.

O que fazer então? Antes de tudo, evitar a automedicação – insisto. Só devemos usar remédios prescritos por um médico depois de um exame clínico criterioso. Além disso, é importante que o adolescente receba uma educação para a saúde, que ele vai rejeitar, é claro, mas que terá de entender. Pode-se ainda mostrar a ele, quanto ao sono, que recuperá-lo no domingo de manhã não tem nenhuma conseqüência negativa, mas que dormir na aula ou fazer a sesta na volta da escola pode jogá-lo no ciclo infernal da inversão do ritmo do sono. Da mesma maneira, pode-se dizer a ele, caso não saiba, que a nicotina e cafeína não têm tantas virtudes de descontração como se imagina, e que com certeza é melhor pedir à "mami" a receita de chá calmante. Enquanto espera os conselhos da avó Madalena (porque a ela ele escuta!), ele bem que pode tomar um leite quente ou uma ducha morna na hora de dormir. Mas pode ser que ele não goste de sua recomendação, principalmente se você ficar dando conselhos o dia inteiro e fizer parte do grupo de pais do tipo "Tudo direitinho" ou "você-já-tomou-sua-ducha hoje". Nesse caso, e se puder, deixe ele procurar vovó Madalena. (Ver também "O que os adolescentes devem ler, mas principalmente sem que os pais recomendem", p. 105.)

O suicídio

Ninguém nega hoje a importância do suicídio, porque, globalmente, ele ultrapassa, em número de mortes anuais, os infartos. É a segunda causa de mortalidade entre jovens de 15 a 24 anos, depois dos acidentes de carro. Cerca de 8% das moças e 5% dos rapazes que tentaram o suicídio na adolescência, de 30 a 50% tentam de novo até um ano depois da primeira tentativa. Temos também de considerar que mais de mil jovens de 15 a 24 anos morrem por ano em suicídios "bem-sucedidos", provando a relevância do fenômeno (38).

Sobre esse assunto tão sensível, apresento aqui os principais pontos que os pais devem considerar. Em primeiro lugar, saiba que não é a doença mental que explica esse fenômeno; na verdade, só em 20% dos casos há uma patologia psicológica comprovada. Isso, por outro lado, torna o problema mais complexo em termos de prevenção, porque embora os adolescentes atingidos por uma doença psíquica sejam vigiados, os outros, por definição, não o são, e são aqueles aparentemente sem dificuldades psíquicas maiores que um dia fazem uma tentativa de suicídio inesperada. Insisto no aparentemente sem "dificuldades psíquicas maiores". Se não se descobre um quadro psiquiátrico comprovado, é muito comum encontrar entre adolescentes que se suicidam uma ansiedade mais ou menos grande e algumas características psicológicas: de modo geral, são adolescentes pouco seguros de si, que não gostam particularmente de si mesmos e que apresentam grande dependência dos vínculos familiares que os tornam vulneráveis em caso de problemas com esses vínculos; a passagem ao ato de suicídio parece responder assim à tomada de consciência insuportável de uma realidade interior (sua própria insuficiência) ou de uma realidade externa relativa à família (39, 40, 41, 42).

Quanto aos pais, identificar esses sintomas e compreendê-los está longe de ser evidente. De um lado porque não são especialistas em psique e, por outro, justamente por que são os pais e os adolescentes não costumam falar muito com eles. O único conselho que se pode dar é que fiquem atentos às rupturas comportamentais do adolescente e, mais ainda, se ele falar constantemente de morte, mesmo que seja de maneira "filosófica". Sempre se deve levar a sério a evocação da possibilidade da morte ou da morte em geral, mesmo que 10% das moças e 5% dos rapazes pensem com freqüência no suicídio e não tentem cometê-lo.

Para saber mais sobre o tema

Enfrentar uma tentativa de suicídio

Uma tentativa de suicídio representa para uma família uma catástrofe existencial; nunca banalize esse gesto e sempre o leve a sério, ainda que seu adolescente use só um pacote de aspirinas para se suicidar. Porém, por mais doloroso que seja, é vital que esse ato também seja visto pelos pais como um momento crítico, isto é, um momento que traz uma possibilidade de mudança (43). A simples evocação, ou, após o ato, a realização de uma tentativa de suicídio é um grito de socorro e uma forma de comunicação que seu adolescente tenta usar para falar com você. É preciso considerar essa mensagem uma ocasião privilegiada que pode levar à construção ou reconstrução do diálogo em família, bem como de tirar seu adolescente da solidão.

Se sentir a urgência, isto é, se perceber que seu adolescente/sua adolescente está abatido(a) a ponto de não conseguir administrar as próprias emoções, proponha-lhe a consulta a um psiquiatra ou, se necessário, imponha; a mobilização dos adultos em torno dele ou dela vai dar tranqüilidade e ajudá-lo a recuperar a auto-estima. Em particular, não hesite em consultar o psiquiatra se, depois de discutir a questão com ele/ela, a hiperemotividade parecer permanecer e tornar-se uma modalidade cotidiana de relacionamento. E também não espere que se forme um quadro depressivo para agir!

9
Como saber se ele se droga

Os comportamentos de risco da adolescência provocam nos pais e nos jovens percepções diferentes quanto aos perigos que se corre. Se os pais temem especialmente a violência e as drogas, os jovens se preocupam principalmente com o suicídio e a Aids. Por outro lado, um estudo recente mostrou que os pais parecem superestimar as capacidades de seu adolescente quanto a confiar neles em caso de dificuldades existenciais: são 81% os que pensam que o filho falaria com eles a respeito, ao passo que a metade dos adolescentes julga difícil confiar aos pais esses problemas. Por fim, 61% dos adultos pesquisados acham que os jovens correm mais riscos hoje do que corriam há 10 anos (34). Se a situação pode não ser tão sombria, nem por isso os possíveis mal-entendidos a evitar deixam de ser bastante reais.

Alguns números a propósito dos adolescentes de 13-17 anos

O Observatório Francês de Drogas e Toxicomania publicou uma classificação nacional de substâncias consumidas ao menos uma vez por adolescentes de 13 a 17 anos. Os números, em porcentagem de adolescentes envolvidos, são os seguintes: álcool, 94,6%; fumo, 77%; maconha, 50%; psicotrópicos e medicamentos, 24,7%; produtos inalados, 4,5%; cogumelos alucinógenos, 3,5%; *poppers* (vasodilatadores), 3,3%; *ecstasy*, 3,2%; anfetaminas, 1,8%; cocaína, 1,6%; LSD, 0,9%; heroína, 0,8%; *crack*, 0,6; medicamentos de uso contínuo desviados, 0,6%; quetamina ou GBH (estimulante sexual), 0,3%. O relatório esclarece que parece estar ocorrendo nos últimos anos uma queda de 3,5% no consumo de maconha, mas um aumento de 2,9% no consumo de psicotrópicos e medicamentos, de 0,9% dos *poppers*, de 0,8% das anfetaminas e de 0,6% da cocaína. Outro relatório, do doutor Jean-Marie Guffens, feito a pedido do Ministério da Educação Nacional francês, informa principalmente que 70% dos adolescentes de 13-17 anos, cerca de 3 milhões de adolescentes, consomem regularmente fumo e álcool, e que 80% deles associam a isso o uso regular da maconha.

Como distinguir entre inquietação e realidade?

A Organização Mundial de Saúde (OMS) distingue três tipos de comportamento no consumo de substâncias psicoativas, isto é, substâncias, lícitas ou ilícitas, que agem sobre o cérebro (45):

• *O primeiro desses comportamentos é de uso simples*. Quanto a isso, os especialistas se dividem em duas tendências: para uns, trata-se do consumo "sem danos para a saúde" de certas substâncias psicoativas; um comportamento de uso de substâncias psicoativas pode ser classificado como uso simples quando não implica risco para o usuário, ao menos quando os produtos são absorvidos em doses moderadas. Esse seria o caso do álcool, do fumo e até da maconha em alguns países. Para outros especialistas, a própria noção de uso simples é eminentemente discutível, pois não há consumo de substâncias psicoativas que não envolva riscos, seja devido à toxicidade do produto ou por causa do risco de desenvolver dependência.

• *O segundo comportamento definido pela OMS é justamente o de uso nocivo*, também chamado de abuso, com repercussões somáticas, psico-afetivas ou sociais. Fica claro que esse estágio já pode ser considerado a porta de entrada ao terceiro, o da dependência propriamente dita.

• *A dependência propriamente dita, ou adição*, é definida de um lado por um mecanismo de tolerância que obriga o consumidor a aumentar as doses ingeridas a fim de obter o mesmo resultado e, de outro, pela síndrome de abstinência que a dependência envolve quando o usuário interrompe o consumo. Ela resulta de um verdadeiro estado de privação. Nos casos moderados, pode manifestar-se por um estado de grande agitação com hiper-suscetibilidade ansiosa (os fumantes cujos cigarros acabam às 3 da manhã e que cruzam a cidade de norte a sul para achar uma tabacaria aberta conhecem bem essa síndrome); nos casos extremos, produz quadros clínicos que se assemelham perfeitamente a urgência orgânica, envolvendo angústia, dores, rubores, transpiração, aceleração da pulsação etc. Tudo depende da substância tóxica ingerida e do nível de adição atingido pelo adolescente.

Ele fuma, e não apenas escondido

Claro que é ruim fumar. Mas o que ele fuma, em que quantidade, com que idade começou e em que circunstâncias? Num mundo em que o fumo circula com toda legalidade, o primeiro cigarro faz parte de um ritual social iniciado muitas vezes pelos próprios pais: o cigarrinho da ceia da Natal ou do Ano Novo. Se fumar é hoje uma experiência banal para adolescentes de 14 ou 15 anos, ainda é algo marginal aos 11-12 anos. Claro que, seja qual for a idade em que ele começou, há o risco de se acostumar desde o primeiro cigarro, risco que aumenta para todos a partir de 5 cigarros por dia, e que é maior quanto mais precoce for o início do consumo. Além da idade, o consumo evidentemente varia segundo o contexto, e não se pode comparar a situação de um jovem de 16 anos que acende seu cigarro numa festa com os amigos e o rapaz de 14 que fuma sozinho; é particularmente com relação a este último que se devem procurar sinais de ansiedade ou depressão. (Ver também "Simples tristeza ou verdadeiro estado depressivo?", p. 92.)

Na qualidade de pais, vocês precisam saber que os meios de ação de que dispõem contra o início do tabagismo são relativamente limitados. Ter uma atitude moralista, e até coercitiva, com certeza vai apenas reforçar o comportamento de seu adolescente. É melhor exprimir claramente sua reprovação, mas sem proibir, e deve-se evitar a vigilância implacável que faria sua casa ser dominada por um clima digno do *Grande Irmão* de Orwell. Autorizar ou não seu filho a fumar nas áreas comuns, ou mesmo no quarto, é quanto ao mais uma questão de política familiar que só você pode definir e aplicar. Mas, seja qual for sua decisão, aconselho que antes de tudo você dê o exemplo. O fato de ser pai/mãe não autoriza tudo o que se quiser, e me parece difícil querer impor a seus filhos um comportamento que você mesmo não tem.

Ele fuma maconha

É fácil, quando não se está envolvido, manter a calma e lembrar que a maioria dos adolescentes que fumam um dia um cigarro de maconha não se tornam dependentes. Isso com certeza é verdade, mas a realidade estatística não vai aplacar a inquietação dos pais que sentiram um cheiro estranho na garagem depois que os amiguinhos do filho se foram. Em alguns casos, eles fumam no quarto, e o cheiro é tão forte que você não pode deixar de pensar que ele quer que você fique sabendo. Pode ainda ocorrer de ele dizer de maneira mais direta que fumou "para fazer como os outros" ou "para ver como é". Nesse caso, discuta com ele, sem dramatizar nem ser moralista, porque, como você sabe, os adolescentes não gostam disso. Por outro lado, começar a falar de toxicomania, com irritação, quando ele fuma o primeiro cigarro de maconha, pode ter um efeito estigmatizante, e, com a ajuda da vontade de provocar, você não vai saber a que ponto ele poderia chegar.

Hoje, a maconha circula em todas as escolas, e é mais do que provável que um adolescente experimente um dia, sem julgar que esteja fazendo alguma coisa errada. Ainda mais que em nossa sociedade não há muita clareza sobre essa prática, que é por vezes aceita. Além de não haver punição legal pelo uso, este é banalizado, e até estimulado e valorizado por quadros humorísticos e filmes que trazem personagens que fumam e não são marginalizados por causa disso.

Na maioria das vezes, a primeira experiência ocorre depois de ele ter provado tabaco, e se produz por volta dos 15-17 anos. Enquanto o consumo for em grupo e ocorrer de modo intermitente, não há motivo de inquietação. Quando o adolescente começa a fumar sozinho é que se precisa ficar atento. No caso de um jovem que sente uma necessidade sistemática de maconha para "relaxar" ou dormir mais facilmente, pode-se julgar que ele saiu do quadro festivo e passou ao uso ansiolítico, isto é, destinado a combater o mal-estar ou a ansiedade. É preciso uma atenção ainda maior quando seu adolescente começa a mostrar dificuldades de concentração ou de memorização, indícios de consumo pesado. Nessa circunstância, tente convencê-lo a consultar o médico, porque ele talvez sofra de dificuldades psicológicas que podem ser resolvidas de outra maneira que não o uso de tóxicos. (Ver também "Ele não consegue dormir", p. 96 .)

Ele acaba de nos dizer que se droga

Se você tiver a oportunidade de ser considerado um genitor-refúgio, é possível que um dia seu adolescente fale com você de um problema com o álcool ou a maconha para ver se você pode ajudá-lo. A maneira como você responder ao apelo dele poderá aumentar a confiança que ele tem em você ou criar um fosso comunicacional que mais tarde vai ser difícil transpor. Eis três erros de comunicação que não se devem cometer nesse campo:

- A infantilização: "Pobrezinho, acho que você se deixou levar pelas más companhias. Conte-me tudo e veremos o que fazer".
- O sermão: "Bem que eu avisei que isso um dia ia acontecer!"
- A mudança de sujeito: "Bem, mas isso afinal não é um grande problema... Eu mesmo, na sua idade..."

Nos três casos, é o genitor que fala o tempo inteiro, e vai ser difícil o adolescente se exprimir livre e sinceramente sobre o problema que enfrenta. Cabe em contrapartida a você, agora que sabe o que não deve fazer, descobrir o que pode fazer e inventar a solução mais conveniente. Seja qual for a estratégia escolhida, lembre-se dos princípios da escuta ativa, pois eles vão ajudar você a ajudar seu filho.

Para saber mais sobre o tema

O que os adolescentes devem ler, mas principalmente sem que os pais recomendem

Embora eu não queira me imiscuir no que não é da minha conta, parece-me que, diante da primeira experiência com substâncias psicoativas, seja cigarro, álcool ou algum produto de reputação perigosa, vocês, adolescentes, deveriam ser receptivos a alguns pontos de referência.

1) Antes de tudo, todas as substâncias psicoativas são perigosas, inclusive o álcool, o fumo e os psicotrópicos receitados legalmente. Quando decide receitar esses medicamentos, o médico avalia tanto os benefícios esperados como os possíveis efeitos colaterais. Uma receita deve sempre ser o resultado da soma algébrica entre o grau de perigo do produto e o grau de perigo da doença para a qual é receitado. Sei que não basta dizer a você que a automedicação com essas substâncias é perigosa, porque você só vai ver, como é natural, o lado bom das coisas, que é o desaparecimento da dificuldade que enfrenta atualmente. Mesmo que seja um período de tristeza ou dificuldades para dormir, tente antes procurar o serviço médico da escola ou simplesmente o

médico da família com o qual, tenho certeza, você tem um bom contato e que não vai contar tudo aos seus pais, principalmente se você pedir que não conte.

2) Todos os alcoólicos, fumantes ou adictos de heroína começaram com "Não é porque uso uma coisinha de vez em quando que estou ficando dependente". O perigo é acreditar ser mais forte do que se é na realidade, mas também se ter o direito de fumar um cigarrinho ou tomar um gole com os amigos. Tudo depende da personalidade e do estado de espírito no momento: se você acha que, num determinado momento, tem pouca confiança em si mesmo e se deixa levar pelos outros, é melhor evitar por agora a primeira vez.

3) Às vezes o adolescente começa a fumar uma vez, duas, três, e percebe o perigo que representa o contato entre sua personalidade e o fumo ou outra coisa. Mas nem sempre é fácil dizer isso aos pais, e o mais simples é em geral falar com a enfermeira escolar, a assistente social ou o médico que se costuma consultar. Todos esses profissionais têm a obrigação de respeitar a privacidade do paciente, além de poder ajudar de uma maneira que funciona.

4) É preciso uma força de caráter bem maior para recusar do que para aceitar. Mas também é preciso ter muita coragem para suportar, quando se recusa, ser tratado como bobo ou covarde. A questão desse conflito vai depender da importância que o grupo tem para você. Pode-se entender que o grupo seja vital para você, mas quem tem de avaliar o que vai custar a recusa é você mesmo. Não será caro demais o preço a pagar para ser membro desse grupo? Você é quem tem de ver!

5) Nunca é fácil resolver sozinho o problema do uso de substâncias psicoativas. Além disso, quando se quer mesmo resolver, é melhor não tentar sozinho. Um primeiro fracasso pode na verdade, reforçar o fracasso das próximas tentativas e reduzir bastante as chances de cura. ("Para que fazer esforço se já tentei antes e não consegui?") Só em casos excepcionais as pessoas são mais fortes do que as drogas, e olha que já é preciso uma boa dose de força de vontade para conseguir, mesmo contando com a ajuda de especialistas.

6) Nunca confie na pessoa que oferece drogas a você da primeira vez! A pretexto de amizade, os traficantes procuram viciar os mais vulneráveis, justo aqueles que precisam de amizade e de reconhecimento. E o preço que você terá a pagar por essa amizade vai ser a cada dia mais alto. Mas isso você já sabe muito bem!

10
TV, jogos, internet: o novo Triângulo das Bermudas?

Tornar a TV, os jogos e a internet os únicos responsáveis pelos problemas dos jovens e da sociedade atual é ver apenas uma árvore, e não perceber a floresta, ou seja, fechar os olhos para outras causas, parentais ou sociais. Seja qual for a força de atração desse Triângulo das Bermudas, sempre é mais razoável fugir a um esquema de causalidade linear, mesmo que, no caso, esses três recursos de comunicação participem de maneira manifesta e cotidiana, de um lado, da reviravolta da paisagem familiar e, de outro, da modificação dos esquemas clássicos de desenvolvimento.

Comecemos pela segunda questão. A criança de antigamente, a descrita por Piaget (47), Wallon (48) ou Gesell (49, 50), está prestes a desaparecer. Como poderia ser de outro modo quando de 30 a 50% das crianças têm televisão no quarto e o ambiente familiar está sujeito a um número crescente de influências externas que modelam a personalidade de maneira notável e, por outro lado, não necessariamente negativa? Para dar um exemplo, podemos falar hoje de crianças às quais se aplica o diagnóstico da precocidade. Na qualidade de clínicos, quando temos de enfrentar esse problema, ficamos cada vez mais obrigados a distinguir o que se deve à inteligência e o que simplesmente é decorrência da cultura. Uma criança bastante erudita, que fala bem e tem conhecimentos, pode muito bem ser percebida como dotada de inteligência superior quando não passa, e já são muitos os casos, de uma criança superiormente cultivada. O motivo desse despertar cultural tem de ser então procurado não no nível de um QI hipertrofiado, mas num ambiente familiar que, entre outras coisas, entendeu muito bem o uso positivo que se pode dar à comunicação em geral e aos meios de comunicação em particular.

Se nos interessamos agora pela dinâmica familiar dos últimos trinta anos, temos necessariamente de constatar que as diversões oferecidas pela televisão conseguiram, graças ao poder hipnotizador que exercem sobre cada um dos membros da família, inibir conflitos latentes, que no entanto vão um dia explodir com uma violência tanto maior quanto mais tiverem sido adiados. Enquanto isso, a privatização de cada um no ambiente familiar tem sido acentuada pela multiplicação de televisores nos lares, e hoje já nem há grandes disputas em torno de quais programas assistir, pois cada qual pode assistir ao que quiser em seu próprio televisor. Claro que houve infelizmente uma época em que a liberdade de cada membro desapareceria diante das exigências familiares, mas a promoção do individuo assumiu, de uns tempos para cá, uma amplitude tamanha que é preciso, em alguns casos, muita imaginação para descobrir em certas famílias algo que possa ainda parecer, em alguma medida, com um funcionamento de grupo.

Nesse contexto amplo de impregnação dos meios de comunicação de massa, tanto no plano individual como no familiar, adiantará alguma coisa repetir que todos eles podem se tornar monstruosos instrumentos de alienação familiar e de lobotomia individual? Em contrapartida, os pais podem se questionar de maneira proveitosa sobre a divisão de responsabilidades. Se a ausência de ética numa sociedade que favorece o imperativo econômico em detrimento de valores educativos como o respeito, a confiança ou a preocupação com o outro é algo incontestável, a permanência excessiva de crianças e adolescentes na frente da tela se deve unicamente a um plano do direito privado, isto é, justamente dos pais e de ninguém mais.

Apologia da televisão, dos videogames e da internet

Podemos ter uma criança que assiste à TV de vez em quando na presença dos pais; e também é possível deixar o pequeno o dia inteiro na frente da televisão para ficarmos em paz. Essas duas situações não têm nada a ver uma com a outra. Podemos aceitar que nosso filho fique algumas horas por semana no videogame; e podemos também não controlar o tempo que ele dedica a isso, e vê-lo dia e noite, e o dia inteiro, preso à tela. Mais uma vez, trata-se de duas situações que não têm nada a ver uma com a outra. Por fim, podemos permitir que nosso adolescente tenha um e-mail e faça pesquisa na internet de vez em quando; e podemos também deixá-lo navegar o quanto quiser em páginas ou chats duvidosos. De novo, cometeríamos um erro se confundíssemos essas duas situações.

Feitas essas ressalvas, não se pode negar que a televisão, a internet ou os videogames podem ser meios propícios ao desenvolvimento harmonioso das crianças e adolescentes. Assim, diante de uma narrativa um pouco empolgante, o adolescente vai se esforçar para entender, imaginar a seqüência da história, estabelecer relações com o que já viu, já leu ou já ouviu. Seu espírito de análise e de síntese vai ser solicitado, e todas essas relações intrapsíquicas que ele vai mobilizar vão enriquecer seu desenvolvimento. Da mesma forma, os documentários de televisão, os DVD, a navegação na Web e os CD-Rom constituem interessantes suportes para o cultivo de si e para a troca de informações com os amigos. Quanto aos videogames, eles exigem memória, concentração, lógica e reflexos.

Usados de maneira razoável e criativa, isto é, seguindo um ritmo mais semanal do que cotidiano para não invadir a totalidade do campo intelectual e relacional, esses instrumentos de comunicação são dispositivos formidáveis, ainda mais quando usados em família. Para um genitor, pode ser bastante agradável assistir à TV em casa e discutir um bom programa com os filhos. Do mesmo modo, pesquisar na internet ou fazer um curso de direção no *playstation* ou participar de um combate titanesco com um dos pais pode ser para uma criança um momento de felicidade. Mas não há obrigação em fazer tudo em família e, para a criança, é até indispensável também poder ficar só quando navega na internet, quando joga ou assiste a alguma série na televisão. Em outras palavras, os dois tipos de uso são bons justamente porque são complementares. Em contrapartida, o que é desolador, e perigoso, é que cada membro da família passe a viver em seu próprio canto da casa, com seu próprio computador e seu próprio televisor, quando esses instrumentos passam a assumir tamanha importância que criam uma verdadeira dependência, e quando falar uns com os outros se resume ao mínimo indispensável.

Ele é viciado

Por comodidade ou acomodação, crianças pequenas são deixadas cada vez mais cedo na frente da televisão; os maiores se põem sozinhos diante da tela. Avalia-se que hoje as crianças de 4-10 anos vêem televisão uma hora e meia por dia e as de 12-15 pouco mais do dobro disso (4). Isso equivale mais ou menos a que estas últimas passam 40% do tempo livre vendo TV, algo em torno de 900 horas mensais, contra 1000 horas de aulas.

Muitas crianças vêem televisão desde a hora que acordam, e são com freqüência esses mesmos que, ao voltar da escola, ligam o aparelho ou se postam diante da TV já ligada desde a manhã. Nessas condições, já não há a possibilidade de estar consigo mesmas, e o tédio, que também tem a virtude de provocar dúvidas, maiores ou menores, e de estimular a criatividade, termino banida do universo cotidiano. Os aparelhos são ligados menos por prazer do que para anular o desprazer que seria sentido na solidão diante de si mesmo. É quando, em vez de optar voluntariamente por assistir à televisão, jogar videogame ou navegar na internet, se é levado por uma espécie de compulsão a consumir esses meios de comunicação, que fica legítimo perguntar se ainda se está no estagio de consumidor ou se já se é viciado. Basta ver o resultado catastrófico das experiências do tipo "um mês sem TV", todas descritas como experiências horrorosas, para avaliar o estado de dependência televisual provocado (51).

Nesse estágio, uma criança superconsumidora de televisão, de internet ou de videogame será tomada e transportada pelas imagens e os sons que percebe; ela não mais terá tempo de desenvolver seu imaginário e de se deixar levar por devaneios pessoais. E quando por algum motivo lhe faltar um desses meios, o vazio criado vai ser insuportável. Uma droga química não age de outra maneira: obscurece o cérebro e cria um estado de dependência suficientemente forte para que o indivíduo já não seja senhor de si mesmo e entre numa espiral de consumo que só se destina a compensar a carência criada pela ausência do produto. No começo, o tóxico serve para suprir alguma espécie de carência; mais tarde, sua ausência provoca então uma carência que exige seu uso para ser suprida. No caso da TV, da internet e do videogame, o estado de carência é do mesmo tipo, mas com uma diferença importante que no entanto dá uma falsa segurança: com a dependência de drogas, há um risco físico evidente, ao passo que, do lado da tela, o perigo é psíquico e insidioso. (Ver também "O perigo das telas", a seguir.)

O perigo das telas

O primeiro perigo da tela é o do sobrepeso. A maioria dos nutricionistas o afirma, ressalvando que o universo catódico não é totalmente responsável por isso. Ponha-se uma criança durante horas na frente da TV tendo como companhia inevitável um monte de guloseimas, adicione-se uma colher de genética pouco favorável, uma pitada de falta de exercício evidente e, para coroar, uma atividade esportiva na base de passeios em bicicleta fixa ou mobilete, e teremos todos os ingredientes de uma futura obesidade.

Mas, além da questão de nossos glicídios e lipídios, as telas de vídeo também afetam nossas células cerebrais; elas provocam no cérebro a emissão de ondas alfa, levando a um estado próximo ao da hipnose que facilita a sugestão e a contaminação emotiva. E mais ainda, porque a psique de um ser humano em desenvolvimento ainda não amadureceu o suficiente para metabolizar corretamente as seqüencias virtuais cujo sentido não compreende por completo. Quando os indivíduos dispõem de poucos esquemas de comportamento prévios para administrar, por exemplo, situações de conflito, a ausência de experiência os torna mais vulneráveis e facilmente "colonizáveis" por uma virtualidade que eles não têm condições de avaliar criticamente sozinhos. Por outro lado, a maioria dos estudos mostra que a ausência de adultos e de comentários que façam as crianças, pequenas ou grandes, saírem dessas emoções e voltar à realidade alimenta o problema, mesmo que, no tocante à violência, as imagens televisuais de todo modo aumentem de 5 a 10% as reações agressivas do expectador, seja qual for seu meio social, seu nível escolar ou a atitude de seus pais (52).

Outro efeito nocivo da tela é a possível produção de um "corpo dissociado" no jovem telespectador (52). De fato, é ao mobilizar seu corpo diante do mundo e dos objetos que a criança aprende gradualmente a fazer ligações interfuncionais que associam vários sentidos e várias funções ao mesmo tempo. Em outros termos, não basta que a natureza dê à criança recursos sensoriais e motores para agir; é preciso ainda que a criança possa usá-los. Ora, diante da tela, a visão e a audição são solicitadas de maneira excessiva e totalmente dissociadas das outras sensações físicas, que ficam esperando ser acionadas. Quando se sabe, por outro lado, que de 30 a 50% das crianças têm TV no quarto, que as fitas cassete, os DVDs e os videogames são vendidos sem nenhuma vigilância, sem falar da internet, em que os internautas em formação são mais eficientes do que os pais, não é difícil entender como as imagens, pornográficas (53) ou não, podem vir a prejudicar uma organização psíquica que ainda não está preparada para recebê-las, visto que ainda não teve tempo suficiente para elaborar previamente representações que lhe permitam administrar o influxo dessas imagens.

Num adolescente, além da *overdose* de imagens animadas e de toda uma serie de problemas que vão do cansaço a dificuldades de sono, e mesmo a crises de epilepsia, a imobilização diante de uma tela traz também, inevitavelmente, a questão da violência. Hoje em dia, a maioria dos problemas apresentados em filmes, séries e jogos é tratada ou resolvida por meio da violência. Assim, avalia-se que, aos 16 anos, um jovem norte-americano terá visto 18.000 assassinatos na TV e, depois de uma hora de videogame, terá participado de mais ou menos 122 mortes (52). Além disso, 73% dos atos violentos apresentados nos filmes ficam impunes, e 58% não indicam que as vítimas sentem dor. Nesse universo virtual de banalização da violência, não há como negar, a não ser atacados por um estado de cegueira psíquica, que a televisão participe de uma vacinação e de uma desensibilização generalizadas. Um paradoxo de uma sociedade que não pára de desenvolver meios coercitivos de combate à violência e ao mesmo tempo fornece os meios para secretá-la, ou ao menos para insensibilizar os indivíduos com respeito a seu ambiente. Decretar que a televisão é ou não a responsável direta pela violência importa assim menos do que precisar a maneira como ela contribui para esse fenômeno e as soluções que se podem apresentar, tendo plena consciência de que não se vai voltar a alguma situação anterior, dado que a televisão se instalou definitivamente em nosso cotidiano.

Claro que o impacto da violência sobre um indivíduo depende também, e em alto grau, de sua personalidade, porque o comportamento violento de um adolescente não é mera cópia do que ele viu. As centenas de milhões de jovens que viram os três episódios de *Pânico* não mataram os amiguinhos nem trucidaram a família inteira. As imagens e as falas de um filme podem ter um efeito digno de nota num adolescente mal-estruturado e psiquicamente frágil. A televisão mostra a violência, mas não a faz nascer do nada num adolescente; em contrapartida, podemos ficar preocupados com seu efeito na fragilização psíquica de criancinhas que são largadas sozinhas na frente da televisão, por um tempo cada vez maior e cada vez mais cedo na vida. E nos perguntar até quando os pais vão deixar as crianças e depois adolescentes ser submetidos a programas e jogos exagerados e até quando a sociedade vai tolerar sua fabricação e difusão.

Ser pai num universo virtual

É sem dúvida difícil evitar hoje a televisão, a internet ou os videogames, mas isso não é motivo para permitir tudo, havendo algumas regras capazes de orientar a atitude dos pais nesse domino.

Fazer de tudo para proteger os filhos da pornografia difundida em fitas e na televisão é uma base necessária, mas não basta, porque as imagens podem vir de outras fontes. Cabe portanto aos pais fornecer prudentemente, quanto a isso, informações adequadas à idade de seus filhos, bem como criar condições para um diálogo e uma troca de idéias para que os filhos, nesse caso, possam lhes dizer o que aconteceu com eles ao virem certas cenas sexuais brutais ou degradantes. Sem estabelecer uma fixação nesse tipo de informações, dado que, como se sabe, isso pode provocar certo incômodo, é preciso saber que crianças que nunca tiveram informações sobre a sexualidade são mais frágeis do que as outras quando vêem acidentalmente imagens desse tipo.

Se você permite o uso da TV no quarto, é preferível que o faça com os adolescentes em vez de com as crianças. O adolescente pode ser capaz de administrar as coisas, ao menos se você falar com ele. É bem mais complicado pedir a crianças que assistam sozinhas a seu programa favorito e depois desliguem tudo para dormir. O risco que se corre com um adolescente que desobedece aos pais ficando até de madrugada na frente da tela é a redução do desempenho escolar, por não fazer suas tarefas e não dormir o suficiente; com uma criança, em contrapartida, o risco é afetar a personalidade em formação: mesmo que globalmente os programas para crianças pequenas pareçam bons, uma criança que passa seis horas diante de uma tela não pode sair disso ilesa.

Se assistir à televisão em família, acostume-se a comentar o que vocês assistem; isso favorece a comunicação para bem além do programa assistido. Por outro lado, os programas de TV permitem investimentos e identificações com relação a diferentes personagens a depender da personalidade ou da idade de cada membro da família, e é enriquecedor falar sobre isso. Outra idéia é ler em família a programação, toda semana, e dar a cada um folhas com colunas para anotar os programas que cada um vê sozinho e os programas vistos em família. Você pode obter outros bons resultados se adicionar às folhas colunas para anotar dados sobre tarefas escolares, diversões, companheiros, observações pessoais, pois, como sabemos, a vida não se resume à televisão, não é?

Para saber mais sobre o tema

A telinha é um vício?

Fiquei perturbado certa feita com o comportamento de um adolescente com o celular. Ele tirava o aparelho do bolso, tocava-o, devolvia ao bolso, tirava outra vez, um pouco como se a presença do aparelho tivesse se tornado indispensável, como se sua ausência causasse nele uma profunda angústia. Esse adolescente não me parecia particularmente portador do transtorno obsessivo-compulsivo; o telefone simplesmente se tornara o centro de sua existência, suscitando a mesma dependência que o cigarro, o álcool ou a maconha em outros jovens. E repensei então no modo como Jean-Philippe Toussaint começa seu romance na televisão (5) evocando o comportamento de um toxicômano que decidiu parar de usar seu produto: "Parei de ver televisão. Parei de uma vez, para sempre, não vejo mais programa nenhum, nem esporte. Parei há pouco mais de seis meses, no fim de julho, logo depois da Volta da França"[2].

2. Competição ciclística tradicionalmente disputada no mês de julho.

Eis os critérios inspirados no DSM-IV que são hoje usados para definir a dependência de substâncias e suas implicações (33):

1) Sucessivas tentativas fracassadas de resistir ao impulso para um comportamento específico.

2) Crescente tensão interna antes de iniciar esse comportamento.

3) Sensação de prazer ou de alívio ao dedicar-se a esse comportamento.

4) Sensação de perda de controle ao dedicar-se a esse comportamento.

5) Ao menos cinco das seguintes manifestações:

- freqüente preocupação com o comportamento ou as atividades preparatórias para dedicar-se a ele;
- freqüência no comportamento maior do que ou durante um período mais longo do que o sujeito deseja;
- esforços repetidos para reduzir, controlar ou interromper o comportamento;
- dispêndio de um tempo considerável para preparar o comportamento, dedicar-se a ele ou recuperar-se de seus efeitos;
- realização freqüente do comportamento mesmo quando há obrigações de trabalho, escolares, domésticas ou sociais a realizar;
- abandono ou redução de importantes atividades sociais, ocupacionais ou de lazer;
- insistência no comportamento mesmo tendo conhecimento do agravamento de problemas físicos, psicológicos ou sociais determinados pelo comportamento;
- necessidade de aumento da intensidade ou freqüência do comportamento para obter o efeito desejado (ou efeito reduzido quando o comportamento se mantém inalterado);
- agitação ou irritabilidade quando impedido de dedicar-se ao comportamento.

Alguns sintomas do problema dever persistir durante ao menos um mês ou ocorrer repetidas vezes num período prolongado.

Se você atende a esses critérios, pode fazer como Jean-Philippe Toussaint e escrever uma história, mas não diga ao seu adolescente que ele fica tempo demais sentado na frente da televisão, pois, vendo você fazer o mesmo o dia inteiro, ele poderá ser tomado por uma legítima vontade irresistível de gargalhar.

Notas e referências bibliográficas

(1) RUFO, M. "L'adolescence de l'entrée au collège à..." *Le Guide santé des adolescents*. Institut National de la Consommation, Adolescents, Hors série, n. 118, out.-nov./2004.

(2) RUFO, M. *Tout ce que vous ne devriez jamais savoir sur la sexualité de vos enfants*. Paris: Anne Carrière, 2003.

(3) VAILLANT, M. *L'Adolescence au quotidien*. Paris: La Découverte/ Syros, 2002.

(4) BRACONNIER, A. *Le guide de l'adolescent de 10 à 25 ans*. Paris: Odile Jacob, 2001.

(5) BRUNET, C. & SARFATI, A.C. *Petits tracas et gros soucis de 8 à 12 ans – Quoi dire, quoi faire?* Paris: Albin Michel, 2004.

(6) "La drogue et le cerveau – Tout savoir sur les effets réels". *Science et Vie*, Hors série, 217, dez./2001.

(7) MARCELLI, D. & LA BORIE, G. de. *Tracas d'ados, soucis de parents.* Paris: Albin Michel, 2002.

(8) ALAMÉDA, A. *Les sept peches familiaux.* Paris : Odile Jacob, 1998.

(9) LANGEVIN, A. Pédagogie de la circulation de l'argent dans la famille. In: "L'Argent du couple et comptes familiaux". *Dialogue*, 109, 3e trim./1990.

(10) CHOQUET, M. & LEDOUX, S. *Attitudes et comportements des adolescents*. Paris: Inserm, 1998.

(11) LEMAIRE, J. Les cadeaux dans la famille. In: "L'Argent du couple et comptes familiaux". *Dialogue*, 109, 3e trim./1990.

(12) LUC, D. Parler de sous n'est pas tabou. In: "Le métier de parents de la naissance à 12 ans". *Psychologies*, Hors série, 2003.

(13) HABIB, M. *La dyslexie à livre ouvert*. Marseille: Resodys, 2003.

(14) BAUDELOT, C.; CARTIER, M.; DETREZ, C. *Et pourtant ils lisent.* Paris: Le Seuil, 1999.

(15) REVOL, O. "Petits arrangements avec les apprentissages – Approche neuropsychiatrique de l'échec scolaire". In: *L'Enfant en mal d'apprendre* [Actes du colloque organisé à Marseille les 24 et 25 mai 2004. Anthea].

(16) CATHELINE, N. *Psychopathologie de la scolarité*. Paris: Masson, 2003.

(17) BOIMARE, S. *L'Enfant et la peur d'apprendre*. Paris: Dunod, 2003.

(18) MORO, M.-R. « Des enfants au pluriel, une école au singulier". In: BENTOLILA, A. (org.). *Les entretiens Nathan* – Les promesses de l'école. Paris: Nathan, 2002.

(19) WATZLAWICK, P. *Le langage du changement* – Éléments de communication thérapeutique. Paris: Le Seuil, 1980.

(20) ROSENTHAL, R.A. & JACOBSON, E. *Pygmalion à l'école*. Paris: Casterman, 1972.

(21) BOURCET, S. & TYRODE ,Y. *Petite terreur ou souffre-douleur* – La violence dans la vie de l'enfant. Paris: Albin Michel, 2004.

(22) MICHAUD, Y. *La violence apprivoisée*. Paris: Hachette, 1996.

(23) BERGERET, J. *La violence fondamentale*. Paris: Dunod, 1984.

(24) CHOQUET, M. "La violence des jeunes: données épidémiologiques". In: *Les adolescents face à la violence*. Paris: Syros, 1996.

(25) PERRONE, R. & NANNINI, M. *Violence et abus sexuels dans la famille* – Une approche systémique et communicationnelle. Paris: ESF, 1995.

(26) LEPOUTRE, D. *Cœur de banlieue* – Codes, rites et langages. Paris: Odile Jacob, 1997.

(27) DUNNING, E.G. "La violence populaire en Grande-Bretagne". *La Recherche*, 189, vol. 18, jun./1987, p. 798-803.

(28) ATTIAS-DONFUT, C.; LAPIERRE, N.; SEGALEN, M. *Le nouvel esprit de famille*. Paris: Odile Jacob, 2002.

(29) MARIE-GEORGES POVEDA. Association Axis Toulon (communication personnelle).

(30) *Institut National de La Consommation* – Le guide santé des adolescents. Hors série, out.-nov./2004.

(31) BELAÏSCH, J. & KERVASDOUE, A. de. *Questions d'hommes*. Paris: Odile Jacob, 1996.

(32) VINCENT, T. *L'Anorexie*. Paris: Odile Jacob, 2000.

(33) Mini DSM-IV. Critères diagnostiques. Paris: Masson, 1996.

(34) Étude réalisée en septembre 2003 pour la Fondation Wyeth pour la santé de l'enfant et de l'adolescent.

(35) CHOQUET, M. & LEDOUX, S. *Attitudes et comportements des adolescents*. Paris: Inserm, 1998.

(36) FEDIDA, P. *Les bienfaits de la dépression*. Paris: Odile Jacob, 2001.

(37) ANDRE, C. *Vivre heureux:* psychologie du bonheur. Paris: Odile Jacob, 2003.

(38) POMMEREAU, X. *L'Adolescent suicidaire*. Paris: Dunod, 1996.

(39) HATM, A. *Les suicides d'adolescents*. Paris: Payot, 1970.

(40) JEAMMET, Ph. & BIROT, E. *Étude psychopathologique des tentatives de suicide chez l'adolescent et le jeune adulte*. Paris: PUF, 1994.

(41) LADAME, F. *Les tentatives de suicide des adolescents*. Paris: Masson, 1981.

(42) BOURCET, S.; DOMENICHINO-PETTOEAN, S.; TYRODE, Y. *Psychopathologie clinique*. Paris: Ellipses, 2003.

(43) GAMMER, C. & CABIE, M.-C. *L'Adolescence, crise familiale* – Thérapie familiale par phases. Ramonville Saint-Agne: Eres, 1992.

(44) JOANNIER, J. "Drogue à l'école: l'accablant rapport". *Var-Matin - Nice-Matin*, 20/10/2004.

(45) LOWENSTEIN, W. De la toxicomanie à l'addiction, concepts d'hier et d'aujourd'hui. In: "La drogue et le cerveau – Tout savoir sur les effets réels". *Science et Vie*, hors série, dez./2001, p. 88-95.

(46) BIDDULPH, S. *Le secret des enfants heureux*. Paris: Marabout/Hachette, 2002.

(47) PIAGET, J. *La naissance de l'intelligence chez l'enfant*. Neuchâtel/Paris: Delachaux et Niestlé, 1948.

(48) WALLON, H. *L'Évolution psychologique de l'enfant*. Paris: Armand Colin, 1957.

(49) GESELL, A. & ILG, F. *L'Enfant de 5 à 10 ans*. Paris: PUF, 1949.

(50) GESELL, A. & ILG, F. *L'Adolescent de 10 à 16 ans*. Paris: PUF, 1959.

(51) LURÇAT, L. *La manipulation des enfants* – Nos enfants face à la violence des images. Paris: Du Rocher, 2002.

(52) "Les mécanismes de la violence". *Science et Vie Junior*, dez./2004.

(53) ISERE, K. Face aux écrans. In: "Le métier de parents de la naissance à 12 ans". *Psychologies*, hors série, 2003.

(54) TOUSSAINT, J.-Ph. *La television*. Paris: Minuit, 1997.